Ulli Vogel

Osnabrücker Land

24 wunderschöne Rundwanderungen im Natur- und Geopark TERRA.vita

M&E Druckhaus

Natours Reisen - Ulli Vogel
24 wunderschöne Rundwanderungen im Natur- und Geopark TERRA.vita
1. Auflage 2022
Meinders & Elstermann GmbH & Co. KG
Weberstaße 7, 49191 Belm
ISBN: 978-3-88926-831-0
Printed in Germany
Gestaltung: Ulli Vogel
Karten: auf Basis von Open Streetmap
Quellennachweis: Wikipedia free Enzyklopädie unter CC - Lizenz

Der Autor

Ulli Vogel wurde 1959 in Recklinghausen geboren. Er leitet seit mehr als 30 Jahren die Geschäfte des Reiseveranstalters **Natours Reisen**. Er lebte mehr als 25 Jahre in Osnabrück und veröffentlichte zusammen mit seiner Partnerin bereits 5 Wanderführer, unter anderem auch über das Osnabrücker Land.

Ich möchte Sie ermutigen, mich bei der Verbesserung des Buches zu unterstützen. Der Inhalt wurde mit größter Sorgfalt recherchiert. Da wir uns in der Natur bewegen, müssen wir aber immer mit Veränderungen rechnen. Wie umfangreich die Änderungen sein können habe ich bei der Recherche und dem Vergleich mit älteren Unterlagen eindrucksvoll feststellen können.

Daher kann für die inhaltliche Richtigkeit keine Garantie oder Haftung übernommen werden und das Wandern auf den beschriebenen Wegen erfolgt auf eigenes Risiko. Hinweise senden Sie bitte an: info@natours.de.

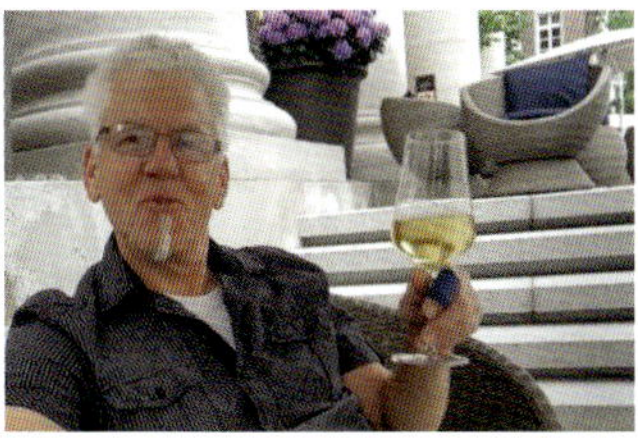

Wandern im Osnabrücker Land - Teil 3

Bereits in den ersten beiden Wanderführern haben wir insgesamt 55 Touren in und um Osnabrück beschrieben. Seit dem letzten Buch sind 7 ereignisreiche Jahre vergangen, die auch in der Natur teils deutliche Spuren hinterlassen haben. Den Anfang machte im Januar 2007 Kyrill und auch Trockenheit und Borkenkäfer tragen bis heute zu massiven Veränderungen in den Wäldern rund um Osnabrück bei.

Wälder oder Forsten?

Bis vor Kurzem habe ich da für mich keinen Unterschied gemacht. Durch die massiven Abholzungen der vergangenen beiden Jahre ist aber nicht mehr zu übersehen, dass es da einen eklatanten Unterschied gibt. Nun bin ich kein Fachmann für Ökologie, doch die Folgen verfehlter Forstwirtschaft sind einfach nicht mehr zu übersehen. Um so mehr können wir uns an Wäldern erfreuen, in denen die Bäume nicht in Reih und Glied stehen, wo Eiche, Buche und Tanne, Laub- und Nadelbäume sich vermischen und sich dabei gegenseitig nutzen und schützen.
Lassen Sie uns daher mit offenen Augen durch die Natur wandern und uns als Teil des Ganzen verstehen und die Landschaft nicht als unseren Abenteuerspielplatz!

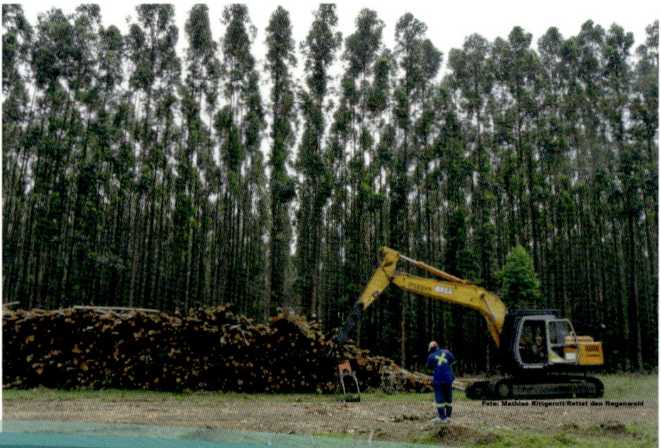
Foto: Mathias Rittgerott/Rettet den Regenwald

Tour		Seite
	Impressum	4
	Vorwort	5
	Tourenübersicht	8
1	Dersaburg und Dammer Bergsee	10
2	Sloopsteine und Sundermannsee	14
3	Wallenhorster Dorfrunde und Schleptruper Egge	18
4	Süntelsteine und Varus-Museum	22
5	Rund um Evinghausen, Schmittenhöhe	26
6	Leckermühle - Schwarzkreidegrube	30
7	Mit dem Erzsteig um den Hüggel	34
8	Kneipp to go Plus	38
9	Die Ahornwegscheife von Bad Iburg	42
10	Hülsberg und Noller Schlucht	46
11	Noller Schlucht und Beutling	50
12	Rund um Holperdorp	54
13	Die Gipfelstürmer Runde	58
14	Rund um Schledehausen	62
15	Zittertal und Holter Burg	66
16	Bad Essener Berg	70
17	Linner Berg und Kellenberg	74
18	Nettetal und Gattberg	78
19	Piesberg mit Stichkanal und Hase	82
20	Gertrudenberg und Nettetal	86
21	Durch die Emsauen	90
22	Heiliges Meer und Bucholzer Forst	94
23	Durch die Brumley	98
24	Canyonblick und Strubberg	102
	Danksagung / Fotonachweis	106

Die Region

Ich habe, wie in den vorherigen Büchern auch, den Begriff „Osnabrücker Land" frei interpretiert. Politische und geografische Vorgaben spielten dabei weniger eine Rolle, als die Erreichbarkeit von schönen Wandermöglichkeiten von Osnabrück aus.

Dabei sollte die Anfahrt natürlich nicht länger dauern als die eigentliche Wanderung! Dennoch habe ich mich bemüht, bei vielen Wanderungen auch auf die Möglichkeit hinzuweisen, mit Bus und Bahn an den Startpunkt zu gelangen. Das ökologische Denken sollte ja nicht bei der Freizeitgestaltung aufhören, auch wenn die Struktur des Öffentlichen Personenverkehrs es einem nicht immer leicht macht!

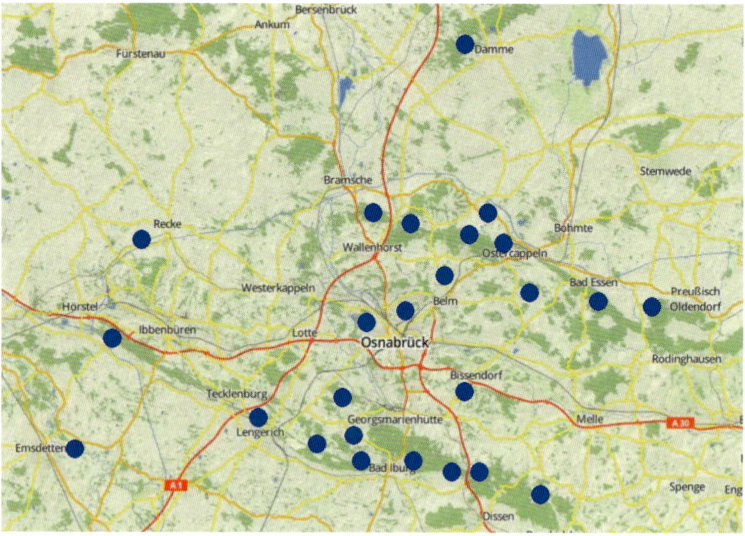

Die Wege

Wo möglich, verlaufen die Wanderungen auf markierten Wegen, was die Orientierung enorm erleichtert. Abzweigungen sind lediglich dort beschrieben, wo sie für die Wegfindung wichtig sind. Ansonsten geht es geradeaus weiter.

Die Zeitangaben im Infoblock beziehen sich auf die reine Gehzeit ohne Pausen. Ich habe dafür ein durchschnittliches Tempo von ca. dreieinhalb Kilometern pro Stunde zugrunde gelegt.

Die Routen wurden auf einem Navi dokumentiert und stehen den Käufern dieses Buches zur privaten Nutzung im Format GPX zum Download bereit. Hier können die Daten heruntergeladen werden:

www.me-verlag.de/wandern

Wir bitten um Verständnis, dass die Routen nicht veröffentlicht bzw. weitergegeben werden dürfen.

Nun aber los und viel Spaß beim Wandern!

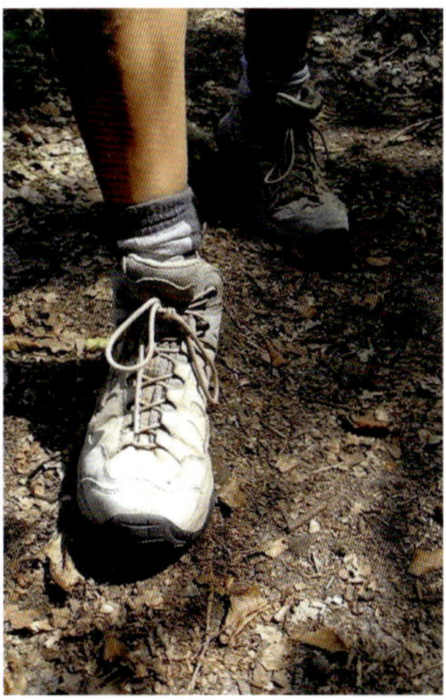

Dersaburg und Dammer Bergsee

Start/Zielpunkt	**Parkplatz am Hotel Kloster Bexadde Benediktstraße, Damme**
Länge	**17,6 km**
Dauer	**4 1/2 Stunden**
Erreichbarkeit	**Rufbus ab Damme ZOB**
Anforderungen	**285 Hm, mittlere Länge mit kurzen Steigungen**
Einkehr	**Am Ende im Klosterhof Café**

Höhenprofil

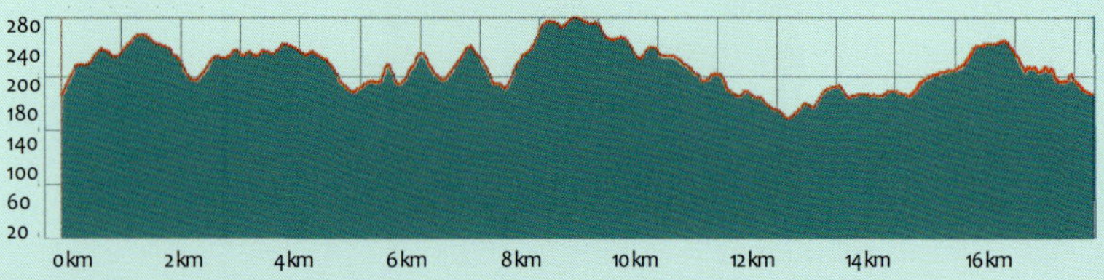

Wanderbeschreibung

Vom Parkplatz am Kloster gehen wir die Straße ein Stück zurück und biegen dann links in Richtung **Labyrinth** ab. Wir passieren das Labyrinth, gehen rechts hinunter und in der Senke links. Wir treffen auf den **Pilgerweg** und gehen rechts in Richtung Bergsee und gleich wieder links, um in der nächsten Senke gleich wieder rechts abzubiegen. Wir erreichen die **Bergstraße**, gehen rechts und gleich darauf wieder links in den Wald. Dabei laufen wir parallel zu einem Zaun.

Wir überqueren die Bundesstraße und gehen in den gegenüberliegenden **Nordweg.** Wir folgen nun dem **Pilgerweg** und dem **weißen Kreis**, passieren eine Schranke und einen Abzweig zum **Dammer Bergsee**, folgen aber weiter dem **weißen Kreis**.

Am See gehen wir links und folgen dem Uferverlauf im Uhrzeigersinn. An einer Schutzhütte gehen wir erst links und dann rechts, erreichen einen **Trimm-dich-Pfad** und gehen rechts. Am **Beobachtungspunkt 1** gehen wir zur Straße hinunter und folgen dem gegenüberliegenden Weg in den Wald. Nach ca. 400 m gehen wir einen Hügel hinauf und dann rechts in eine Senke hinunter. Anschließend laufen wir parallel zu den Gärten einiger Häuser und am letzten Haus links durch eine Senke. Wir erreichen die Ansiedlung **Holte**, gehen hinter dem Gutshaus rechts und folgen erneut dem **Pickerweg (P)** und dem **weißen Kreis**. An der Aus-

Die Dersaburg lag auf einer von sumpfigem Gelände umgebenen Anhöhe. Leider ist über ihre Entstehung und Nutzung wenig bekannt. Es existiert aber die Sage "Das weiße Fräulein von der Dersaburg" aus der Zeit Karls des Großen und des Sachsenherzogs Widukind.

schilderung **Bärental** gehen wir rechts und bleiben im Tal. Wir erreichen eine steile Senke, die wir rechts umgehen und folgen nun der Ausschilderung zum **Haugenberg** und verlassen den **Pickerweg**. Vom **Haugenberg** hat man eine gute Fernsicht Richtung Südosten. Der Weg verläuft nun weitestgehend parallel zum Waldrand, bleibt aber im Wald bis wir nach ca. 1 km eine Gabelung erreichen. Hier gehen wir links. In einem Bogen geht es in Richtung **Signalberg** und **Schweizerhaus**.

Wir erreichen eine kleine Straße und gehen links. Es gibt die Möglichkeit zu einem Abstecher auf den **Mordkuhlenberg**.

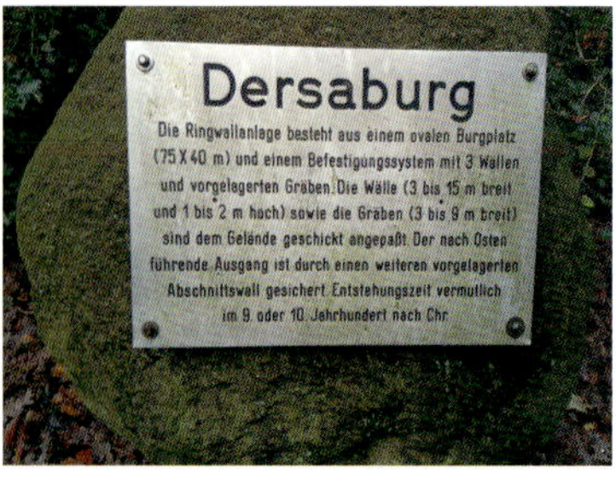

Am **Knotenpunkt** geht es weiter in Richtung **Dersaburg**. Wir queren die Landstraße beim **Schweizerhaus** und gehen weiter in Richtung **Dersaburg**, die wir nach ca. 2 km erreichen. Beim Kreuz der **Weißen Frau von der Dersaburg** steigen wir die Stufen in Richtung einer Teichanlage hinunter und gehen an der Infotafel links auf den Waldrand zu und dort rechts.

Am **Knotenpunkt 57** rechts, in Richtung **Bexaddetal**. An der **Handorfer Straße** links und gleich wieder rechts.

Wir erreichen ein Wegekreuz mit dem Hinweis auf den **Kardinalsweg**, gehen weiter geradeaus und kurz darauf links am Zaun um das ehemalige Munitionsdepot entlang. Am **Knotenpunkt 35** links und am **Knotenpunkt 37** nochmals links, beides in Richtung **Bexaddetal**. Wir erreichen den **Pickerweg** und folgen der Ausschilderung **P** zurück zum Ausgangspunkt.

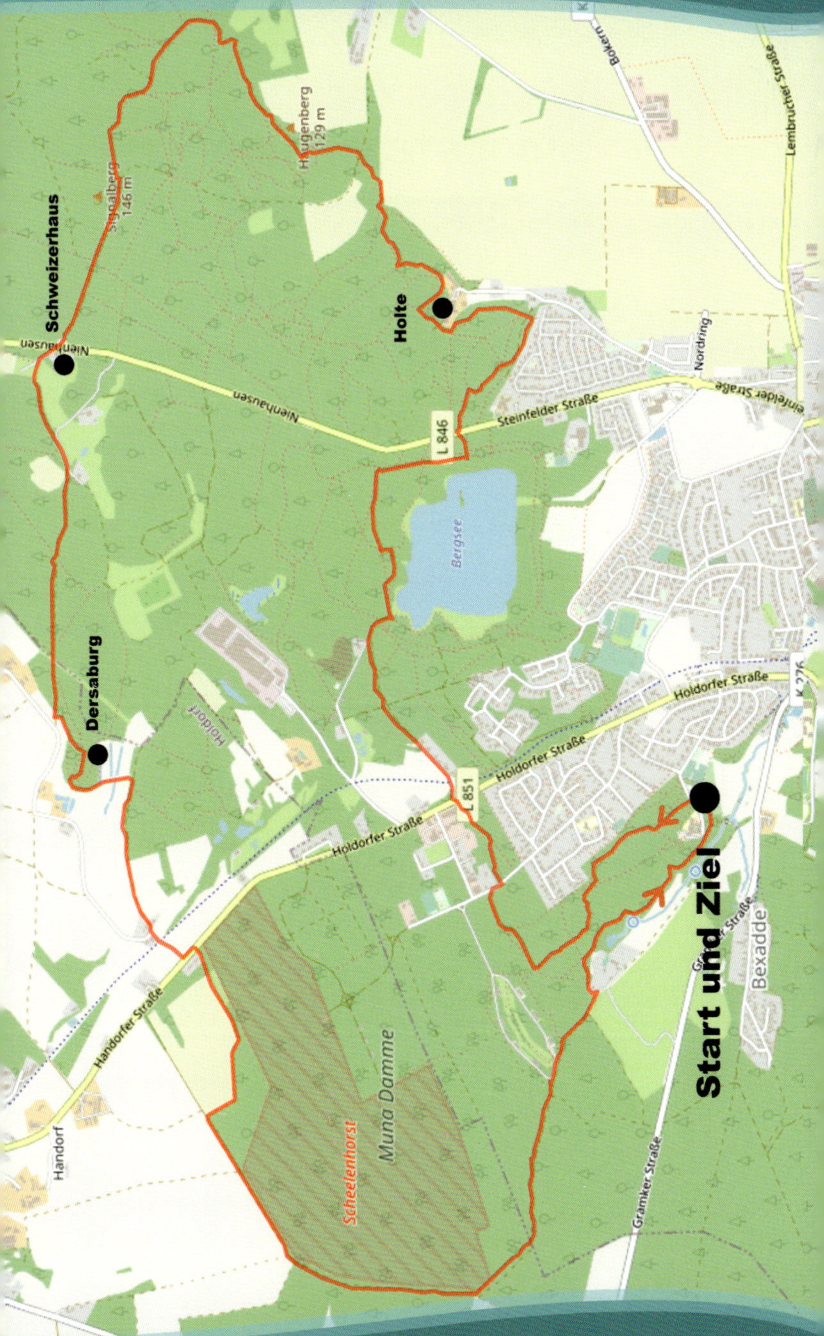
Schweizerhaus
Holte
Dersaburg
Start und Ziel
Signalberg 146 m
Haugenberg 129 m
Nienhausen
Steinfelder Straße
L 846
Bergsee
Holdorfer Straße
L 851
Holdorf
Handorfer Straße
Handorf
Muna Damme
Scheelenhorst
Gramker Straße
Bexadde
Nordring
Lembrucher Straße

Sloopsteine und Sundermannsee

Start/Zielpunkt	**Parkplatz hinter der Gemeindeverwaltung Wersen, Westerkappelner Straße 19, Lotte / Wersen**
Länge	**15,3 km**
Dauer	**4 Stunden**
Erreichbarkeit	**Bus 16 ab Osnabrück Hbf**
Anforderungen	**40 Hm, mittlere Länge, kaum nennenswert Steigungen**
Einkehr	**Selbstbedienung am Niedrighaussee Ratsstuben Wersen am Ende in Wersen**

Höhenprofil

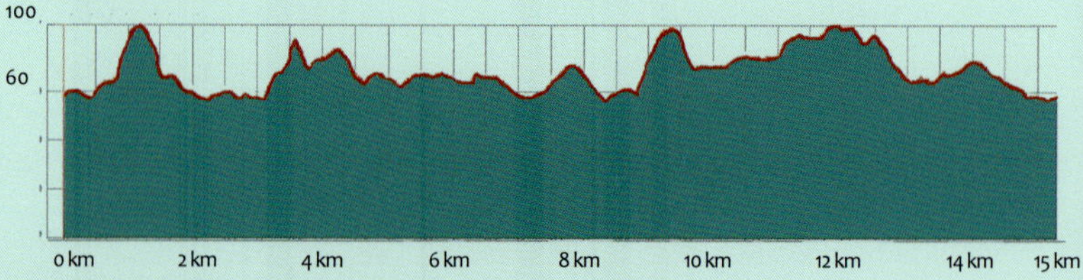

Wanderbeschreibung

Wir starten vom Parkplatz hinter dem Rathaus in Wersen und gehen links, am Spielplatz entlang zur **Hauptstraße** und wenden uns nach links. Nachdem wir die **Halener Straße** überquert haben folgen wir der **Natruper Straße**, laufen über die Dütebrücke und folgen nun dem Wanderzeichen **M** für ca. 1,8 km. Dabei passieren wir die historische **Wassermühle Bohle**, hinter der sich auch ein schöner Pausenplatz befindet. Kurz darauf überqueren wir die **Halener Straße** und gehen weiter geradeaus.

Kurz vor dem **Wersener Damm** geht es rechts in den Wald, weiter mit dem **M**. Nachdem der **M** den Wald verlassen hat biegen wir direkt vor einem Windrad links ab und verlassen dabei den Wanderweg **M**.

An der folgenden Straße links und an der ersten Kreuzung rechts (**Wersener Holz**). Anschließend an der folgenden Kreuzung rechts. Ab hier folgen wir der **Teutoschleife Sloopsteener Seenrunde** bis zu den Wanderwegweisern, die zum **Niedringhaussee** (Sundermannsee) führen. Hier lohnt ein Abstecher zum idyllischen See. Wir kehren zum Wanderwegweiser zurück und verlassen kurz die **Teutoschleife** und folgen dem Wanderweg **A1/C**.

Wir verlassen den Wald, passieren einen Bauernhof und nehmen den ersten Weg links und auch den folgenden Weg wieder links. Hinter einer Scheune gehen wir abermals links auf einem Feldweg in den Wald. An der ersten größeren Abzweigung gehen wir rechts und

Die Sloopsteine

sind Überreste einer über 4.000 Jahre alten Grabstätte. Der Name könnte vom Plattdeutschen "Schlopp" für Bodenluke herrühren. Das gut erhaltene Bodendenkmal gehört zu den bekanntesten Überresten der Megalith-Kultur im Osnabrücker Land.

kommen am See wieder auf die **Teutoschleife**, der wir nach rechts folgen.

Kurz darauf gibt es an einer Straße einen Selbstbedienungs-Rastplatz.

Nachdem eine stillgelegte Bahnlinie überquert wurde, geht es links und dann auf der Straße um eine Rechtskurve, bevor der Weg links in den Wald abbiegt und uns zu den **Soopsteenen** führt (Pausen-platz und Schutzhütte).

Es geht weiter auf der Teutoschleife bis wir die Bahnlinie erreichen. Direkt dahinter verlassen wir die Teutoschleife nach rechts, laufen parallel zur Bahnlinie, kreuzen diese bei nächster Gelegenheit, gehen am Waldrand links und treffen erneut auf die Bahnlinie. Am Bahnübergang der **Wersener Straße** gehen wir zunächst rechts am Feldrand entlang und nehmen den ersten Feldweg nach links.

Unter der Hochspannungsleitung gehen wir nach rechts, biegen kurz darauf wieder links ab und gehen auf ein Stallgebäude zu.

Auf der Straße gehen wir rechts, passieren einen großen Bauernhof und laufen an der Mauer entlang zurück in den Ort Wersen.

Wir nehmen die erste Straße links (Dorfstraße) und erreichen kurz darauf unseren Ausgangspunkt, den Parkplatz hinter dem **Rathaus**.

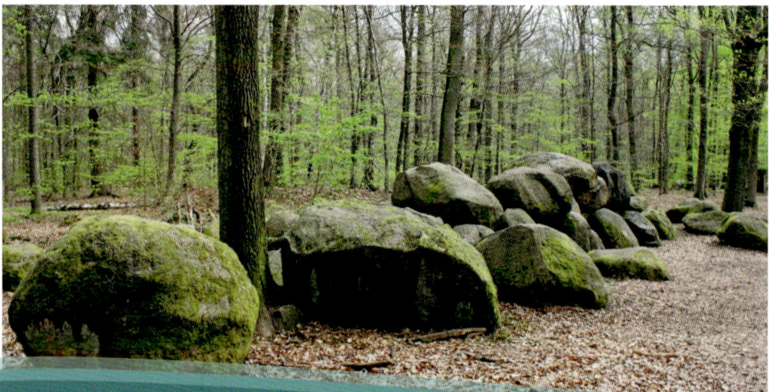

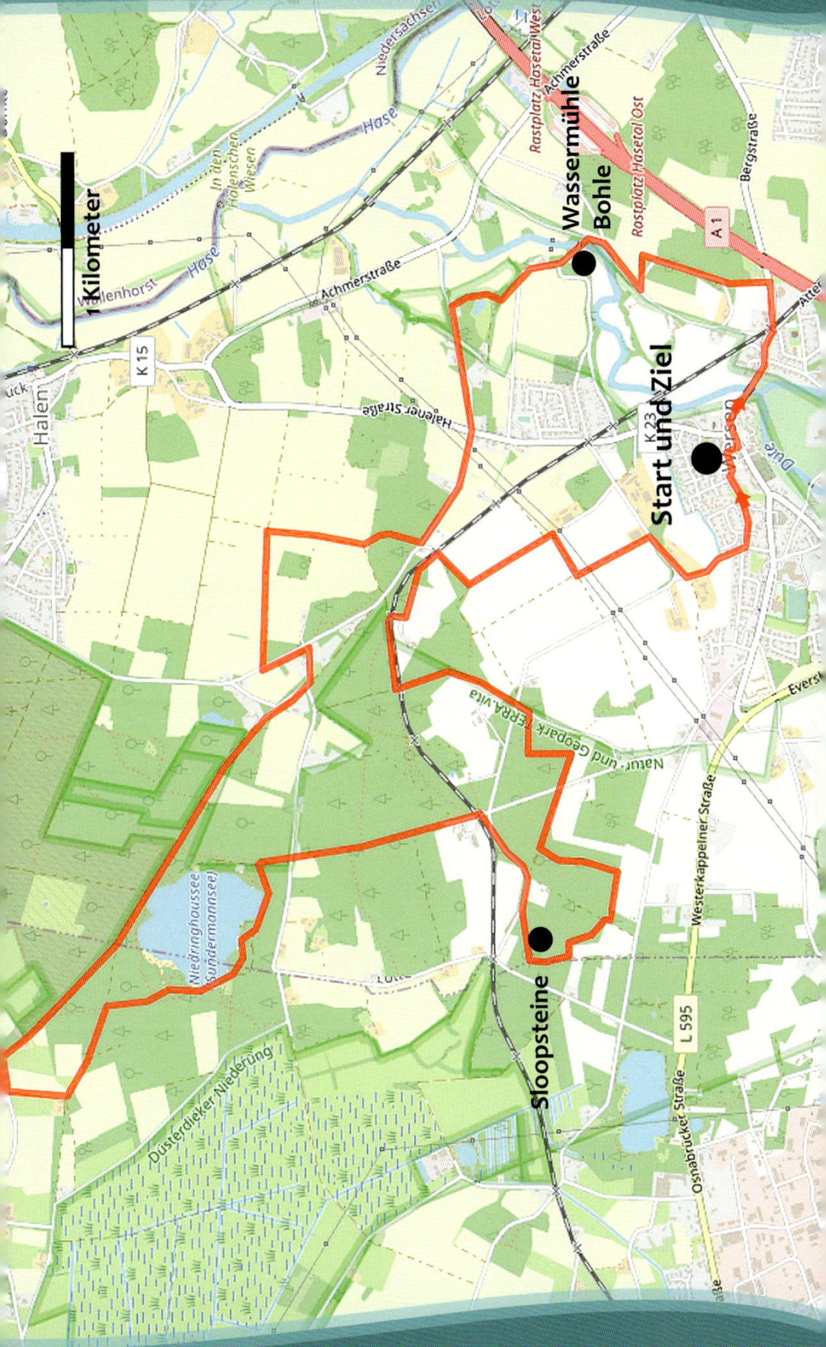
1 Kilometer
Wassermühle Bohle
Start und Ziel
Sloopsteine
Halen
Hase
Achmerstraße
Halener Straße
K 15
K 23
A 1
L 595
Rastplatz Hasetal West
Rastplatz Hasetal Ost
Bergstraße
Westerkappelner Straße
Osnabrücker Straße
Niedringhaussee (Sündermannsee)
Düsterdieker Niederung
Natur- und Geopark TERRA.vita
In den Halenschen Wiesen
Wallenhorst
Düte

Wallenhorster Dorfrunde und Schleptruper Egge

Start/Zielpunkt	Parkplatz im Alten Dorf bei der Alten St. Alexanderkirche Im Alten Dorf 5, Wallenhorst
Länge	14,7 km
Dauer	4 Stunden
Erreichbarkeit	Bus X 585 Haltestelle Beckmann ab Osnabrück Hbf
Anforderungen	130 Hm, mittlere Länge und nur moderate Steigungen
Einkehr	Hotel Penter Knapp und Gasthaus Beckman
	Am Ende im Ortszentrum Wallenhorst

Höhenprofil

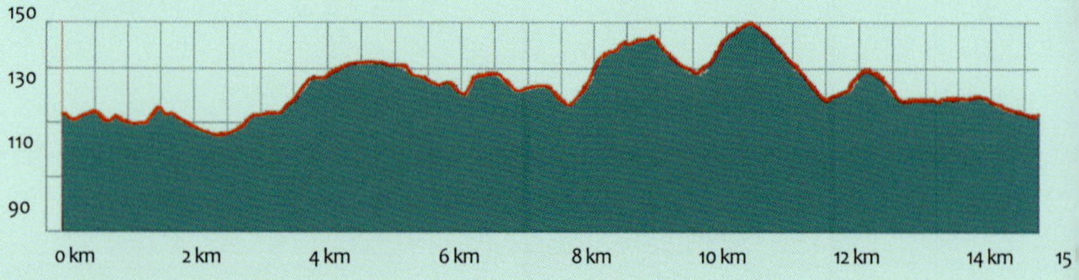

Wanderbeschreibung

Wir starten an der **Alten Alexander-kirche** im alten Dorf Wallenhorst und folgen der Ausschilderung TERRA.track „**Alte Bauernschaft**“ im Uhrzeigersinn links an der Kirche entlang.

Nach ca. 3,7 km (ca. ¾ Stunde) kommen wir in einen Wald und biegen nach links vom TERRA.track ab und gehen an der Schranke vorbei in den Wald, parallel zum rechts von uns liegenden Höhen-zug. Der gerade und recht eben verlaufende Waldweg führt uns nach 2 km zur Schnellstraße **B68** und wir biegen nach rechts ab. Gegenüber sehen wir das Hotel **Penter Knapp**.

An der Brücke über die Schnellstraße biegen wir nach rechts ab und folgen kurz den diversen Ausschilderungen.

Bereits nach 100 m biegen wir nach links in einen Pfad im Wald ab (ohne Ausschilderung).

Der gewundene Pfad endet auf einem breiteren Forstweg, dem wir nach rechts folgen. An einer

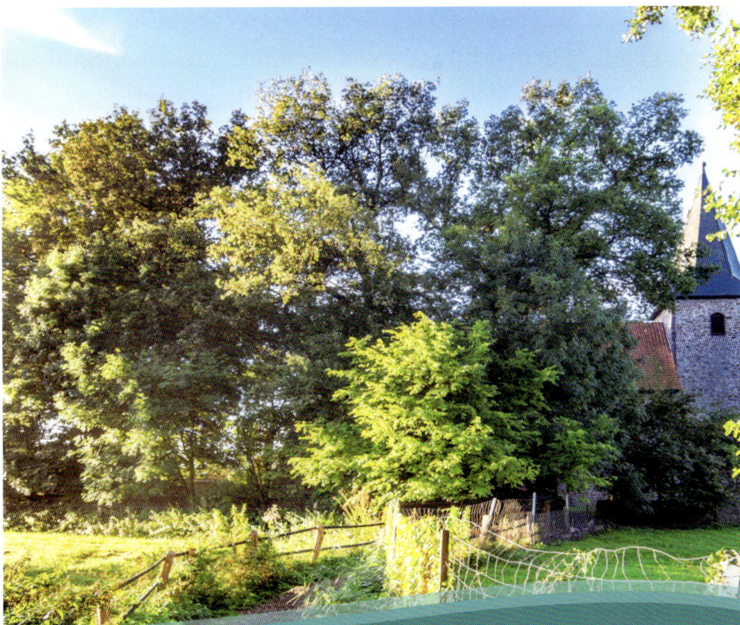

Kreuzung breiterer Wege gehen wir nach rechts bergan und folgen dem Weg, unter dem auch eine Gasleitung verläuft (gelbe Pfosten), auf den Kamm, auf dem auch eine kleine **Schutzhütte** steht.

Wir gehen links Richtung „**Varusschlacht**" und folgen dem Weg bis zum Abzweig **Zweigkanal – Mittellandkanal.**

Es geht kurz abwärts und dann in den ersten Weg nach rechts (ohne Ausschilderung).

Der Weg erreicht eine deutlich erkennbare Kuppe und wir nehmen den Pfad, der rechts steil ansteigt. Dieser Pfad führt wieder auf den **Kammweg** und wir gehen links zum **Funkturm.**

Nachdem wir das Gelände des **Funkmastes** passiert haben nehmen wir den ersten Pfad nach rechts, der in einem Bogen abwärts führt.

Wir passieren die Verankerung der Seilabspannung des **Funkmastes**, gehen geradeaus und halten nach einem nach links abwärts führenden Pfad Ausschau.

Diesem folgen wir und erreichen am Fuß des Hangs einen breiten Weg auf dem nun auch wieder der TERRA.track „**Alte Bauernschaft**" ausgeschildert ist.

Die Markierung führt uns zunächst zur **Wallenhorster Straße** und dann zum **Gasthaus Beckmann.**

Von hier geht es auf kleinen ebenen Straßen immer mit der Markierung „**Alte Bauernschaft**" zurück zur Alten Alexanderkirche.

Die Schleptruper Egge

Die Schleptruper Egge ist eine 147 m ü. NHN hohe Erhebung im Wiehengebirge. Auf dem Gipfel steht der 234 Meter hohe Mast des NDR-Senders Osnabrück-Engter. Nördlich blickt man in die Norddeutsche Tiefebene und nach Süden erkennt man die Höhenzüge des Teutoburger Waldes.

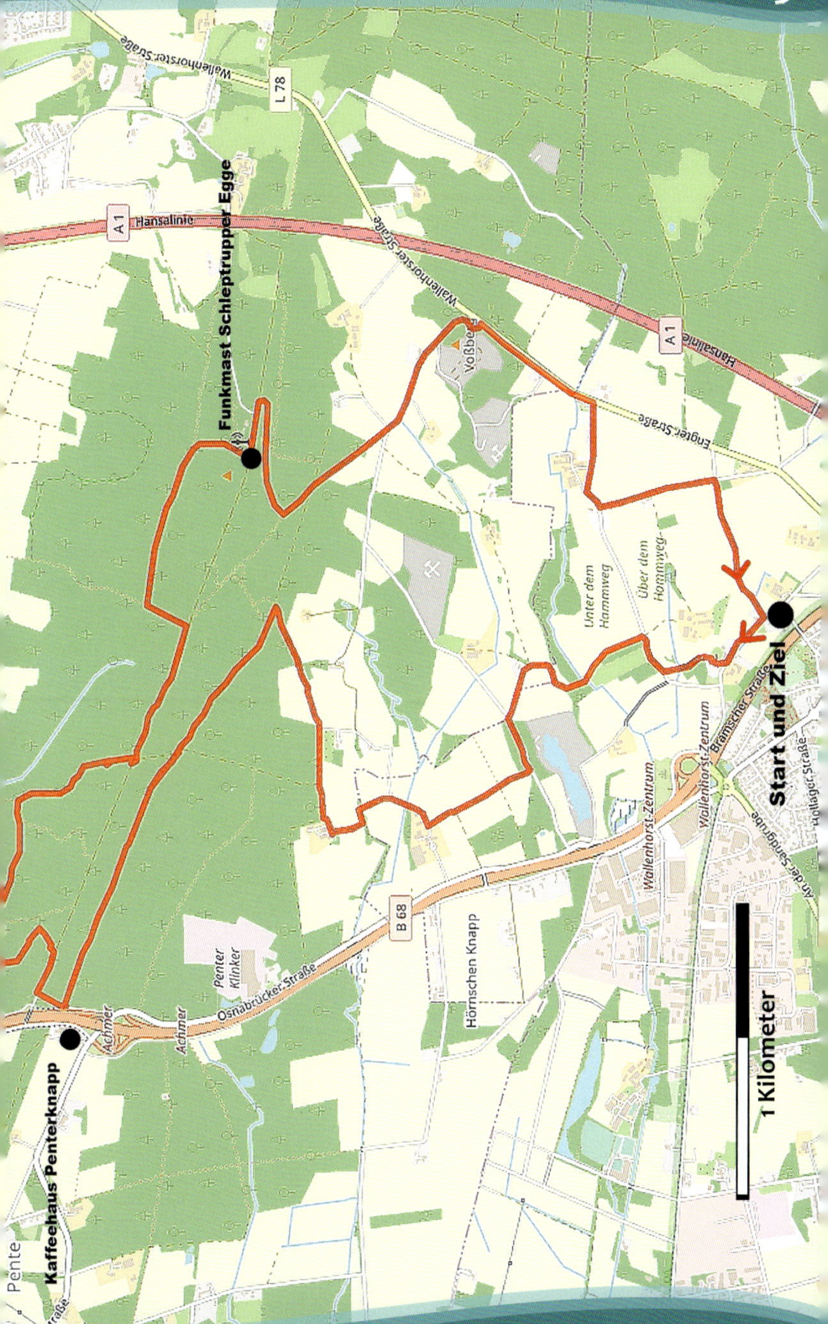
Funkmast Schleptrupper Egge
Kaffeehaus Penterknapp
Start und Ziel
1 Kilometer
Voßberg
Hansalinie
A1
L 78
B 68
Wallenhorster Straße
Engter Straße
Osnabrücker Straße
Penter Klinker
Hörnschen Knapp
Unter dem Hammweg
Über dem Hammweg
Wallenhorst-Zentrum
Bramscher Straße
Hollager Straße
An der Sandgrube
Achmer
Pente

Süntelsteine und Varus-Museum

Start/Zielpunkt	Wanderparkplatz Süntelsteine an der Venner Egge, Power Weg 250, Belm
Länge	19,6 km
Dauer	5 1/2 Stunden
Erreichbarkeit	Bus X 274 Haltestelle Vehrte Friedhof (1 km von der Route entfernt)
Anforderungen	360 Hm, nahezu 20 km lang und einige Steigungen
Einkehr	Bauernhofcafé Darpvenner Diele, Gasthaus und Biergarten Varusschlacht

Höhenprofil

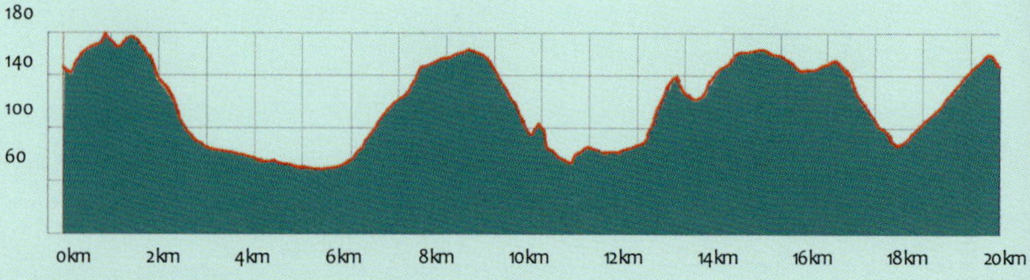

Wanderbeschreibung

Wir starten vom Wanderparkplatz, überqueren den **Power Weg** und folgen der Markierung TERRA.track **Süntelsteine**. Von den Süntelsteinen gehen wir den Weg ein wenig zurück, nun mit der Markierung **Divawalk**, zu einem breiten Weg und dann nach links in den Wald.
Die Markierung führt uns rechts, dann links und noch einmal rechts und links.
Am dritten Abzweig nach rechts verlassen wir den **Divawalk** und folgen dem schmalen Pfad nach links.
Am folgenden Abzweig wieder links, parallel zu einem kleinen Tal. Am folgenden Abzweig rechts ins Tal hinunter. In der Senke geht es über einen kleinen Bach geradeaus.
Wir erreichen den Waldrand und gehen nun zwischen Wald und Feldern.
An der nächsten Kreuzung erreichen wir wieder den TERRA.track und gehen nach links auf dem Asphaltweg hinunter zur **Driehauser Straße**.
Hier gehen wir kurz nach links und dann mit der Ausschilderung **Eisenzeithaus** nach rechts.
Vom Eisenzeithaus, gegenüber liegt auch das **Bauernhof-Café**, folgen wir dem **Divawalk**.
Dabei passieren wir den **Infopfad** Venner Mühlenbach und die **Venner Museumsinsel**. Von hier gehen wir ein kurzes Stück sehr vorsichtig auf der **Osnabrücker Straße** nach links und verlassen die Straße direkt nach der Kurve nach rechts.
Wir durchqueren ein kleines Waldstück mit einem pittoresken Bach und gelangen zum **Venner Aussichtsturm**.
Wir folgen weiter der Ausschilderung **Divawalk**, vorbei an einer Wassertretstelle bis kurz vor die **B 218**.
Hier folgen wir den Zeichen **B** für Birkenweg sowie **22** und **23**. An der Bundesstraße gehen wir links bis zum Abzweig **Berlinger Straße**, biegen rechts und kurz darauf wieder links auf einen Pfad in den Wald ab. Der Pfad endet gegenüber dem **Museum-Varusschlacht**.

Vom Museum folgen wir dem B zunächst zur B218, gehen kurz recht, überqueren diese und gehen dann bis zum Waldrand mit **Picknickplatz**.

Hier verlassen wir die Ausschilderung und gehen links. Wir gehen geradeaus, überqueren einen kleinen Bach und gehen aufwärts bis wir den Rand einer Sandgrube erreichen.

Wir gehen rechts daran entlang, dann links an der Zufahrt vorbei zurück zum **Venner Aussichtsturm**.

Ab hier folgen wir dem bekannten Weg am **Hundehotel** und dem **Biohof Bünte** vorbei.

Wir passieren zwei weitere Hofzufahrten und folgen der Ausschilderung B nach links. Kurz darauf sehen wir die **Steinallee**, die uns zu mystisch anmutenden **Steinkreisen** führt.

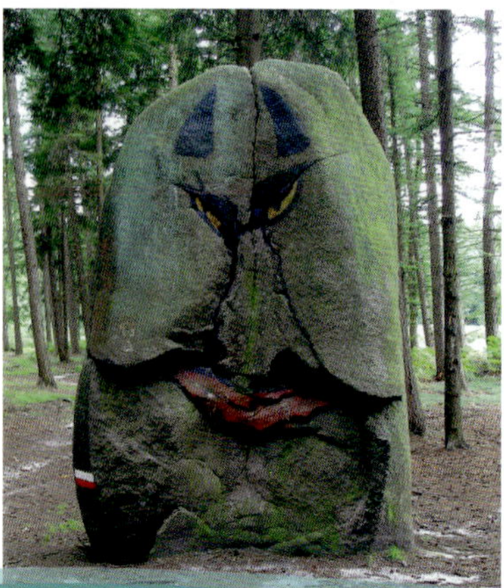

Wir durchqueren die Steinkreise und gehen dann links, erst am Waldrand und dann in den Wald abwärts.

Der Weg biegt nach rechts ab und wir erreichen erneut den Waldrand und gehen links. Bei einem Gehöft treffen wir wieder auf eine Ausschilderung (B und 13) gehen kurz darauf rechts, überqueren die **Hunteburger Straße**.

An der folgenden T-Kreuzung verlassen wir die Ausschilderung B und gehen kurz darauf links. Ab hier folgen wir nun wieder der dem TERRA.track **Süntelsteine** bis zum Wanderparkplatz, dem Ausgangspunkt unserer Wanderung.

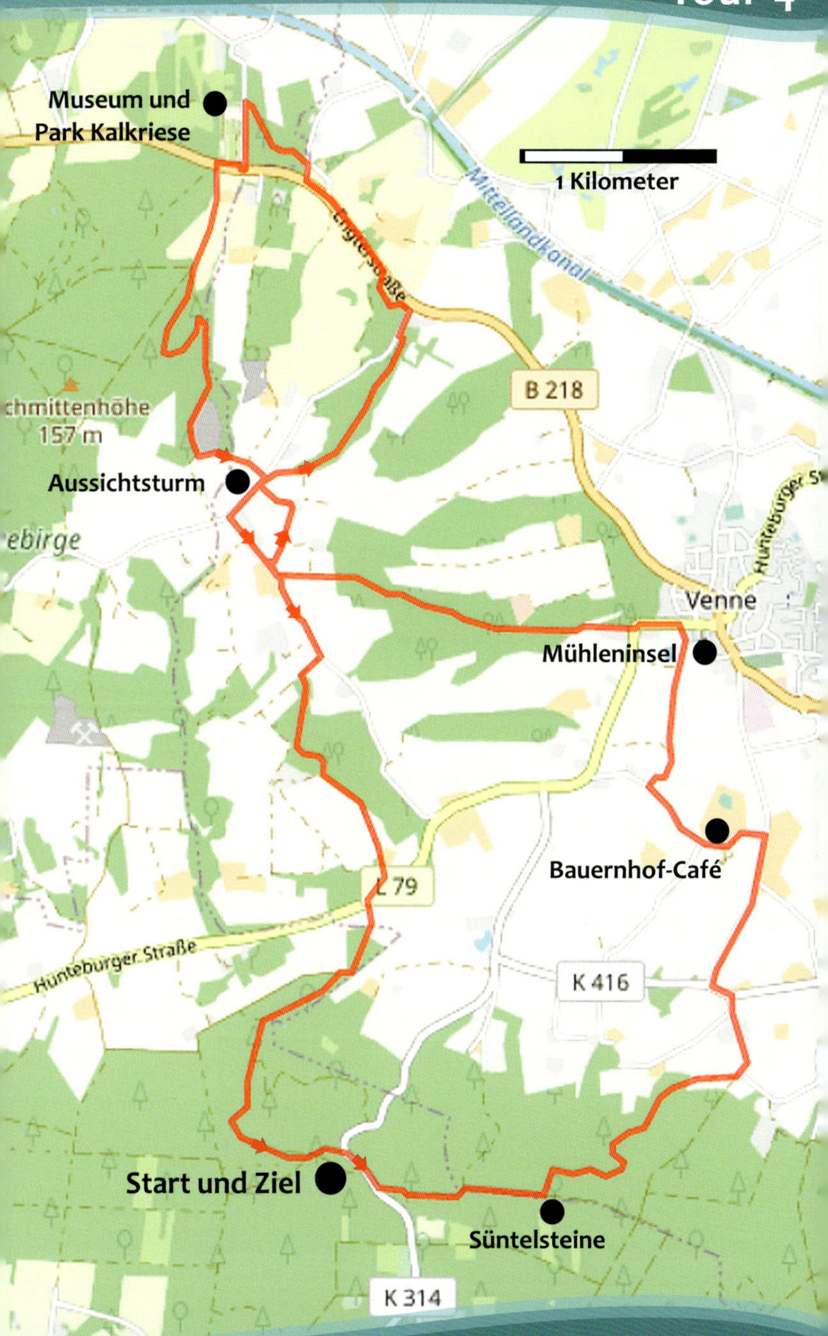
Museum und Park Kalkriese
1 Kilometer
Mittellandkanal
Engterstraße
B 218
chmittenhöhe 157 m
Aussichtsturm
ebirge
Hunteburger St
Venne
Mühleninsel
Bauernhof-Café
L 79
Hunteburger Straße
K 416
Start und Ziel
Süntelsteine
K 314

Rund um Evinghausen Schmittenhöhe

Start/Zielpunkt	**Parkplatz gegenüber der Volksbank in Engter, Im Alten Dorf 19, Engter**
Länge	**19,7 km**
Dauer	**5 1/2 Stunden**
Erreichbarkeit	**Bus X 585 ab Osnabrück Hbf, Haltestelle Engter Post**
Anforderungen	**450 Hm, einige Steigungen**
Einkehr	**Am Ende in Engter gibt es ein Eiscafé**

Höhenprofil

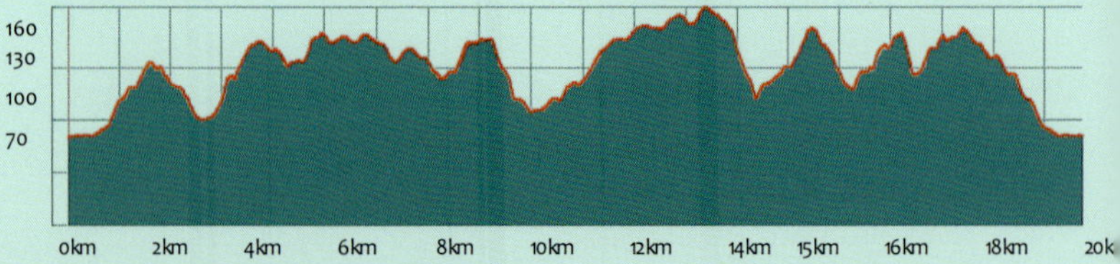

Wanderbeschreibung

Vom Parkplatz gehen wir die Landstraße ein Stück nach rechts und biegen dann links in den **Dornsbergweg** ab. Wir passieren den **Reitstall Ubbing**, verlassen das Dorf und kommen in den Wald.

Im Wald nehmen wir den ersten Abzweig nach rechts. Wir erreichen eine Lichtung, die links vom Weg liegt und gehen nach rechts.

Nun geht es geradeaus und wir überqueren die **Evinghausener Straße**.

Der Forstweg macht eine Kurve nach links und direkt danach biegen wir rechts in einen schmalen Pfad ab, der bergab führt und gehen gleich darauf wieder rechts.

Kurz bevor wir wieder die **Evinghauser Straße** erreichen gehen wir scharf nach links.

An einer Gabelung halten wir uns mit dem **M** für **Mühlenweg** rechts in den Wald hinein. Das **M** verlassen wir aber gleich wieder und gehen geradeaus.

Kurz darauf kommen wir an eine Kreuzung mit fünf Wegen und folgen ab hier dem mit **P** markierten **Pickertweg** nach links. Wir treffen auf den **Wittekindsweg** (weiß-rot) und **DiVa-Walk** und folgen diesen nach links mit einem Schlenker zunächst bis zum

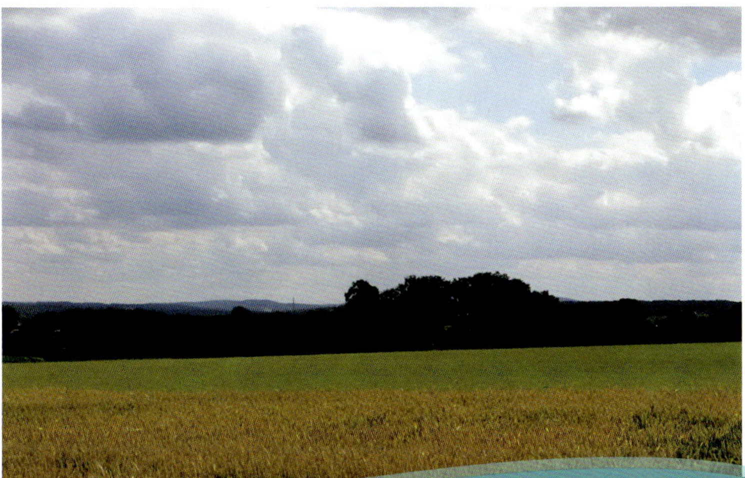

Wanderparkplatz bei **Uptrup**. Ab hier folgen wir dem **Wittekindsweg** und gehen dabei kurz auf der Straße nach rechts. Hinter dem zweiten Haus geht es links am Waldrand entlang bis wir die **Icker Landstraße** erreichen.

Vorsicht! Es geht auf der Straße ca. 150 m nach links bevor wir rechts abbiegen.

Nachdem der **Wittekindsweg** eine Kurve gemacht hat, verlassen wir diesen an der nächsten Kreuzung nach links und gehen nun ohne Markierung bergab bis zur **Hunteburger Straße**.

Diese überqueren wir und gehen geradeaus weiter. Nach ca. 800 m halten wir uns links und gehen erst auf einem Sträßchen, dann auf einem Plattenweg und an einer **Kiesgrube** vorbei bis zur Straße **Im Hasselbrock**.

Hier links und auf dem zweiten Weg nach rechts. Dabei passieren wir eine Schranke und folgen nun der Markierung Rotes **T** in Richtung **Schmitten-höhe**.

Von der **Schmittenhöhe** gehen wir mit der Markierung **T.** auf der Forststraße links bergab und erreichen am Waldrand eine Picknickstelle.

Hier gehen wir scharf links weiter mit dem **T.** An der Kreuzung mit einer Bank gehen wir rechts in den Forstweg und nach 200 m links bergab zum **Campingplatz**.

Wir gehen zwischen den Teichen hindurch, dann links wieder dem **DiVa-Walk** folgend, an einem einsam gelegenen Haus vorbei in den Wald.

Wir folgen dem **DiVa-Walk**, erreichen an der Straße **Im Hasselbrock** wieder den **Pickertweg** und folgen diesem nun nach links.

Dabei kreuzen wir die **Ruller Straße**, erreichen den Ortsrand von **Engter** und gehen den vom Hinweg bekannten Weg zurück zum Ausgangspunkt.

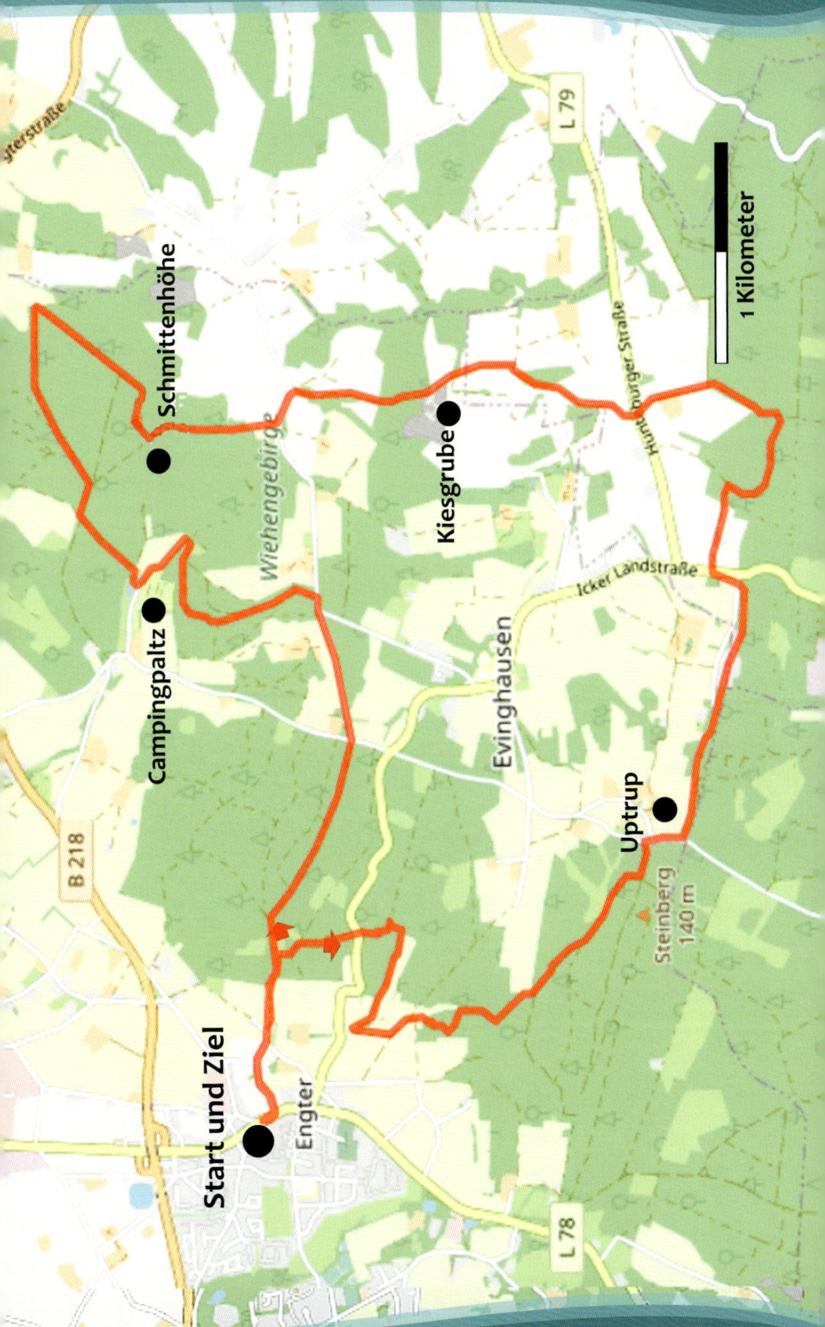

Schmittenhöhe
Kiesgrube
Campingpaltz
Uptrup
Start und Ziel
Wiehengebirge
Evinghausen
Engter
Icker Landstraße
Huntburger Straße
Steinberg
140 m
B 218
L 79
L 78
1 Kilometer

Leckermühle Schwarzkreidegrube

Start/Zielpunkt	Parkplatz bei der Leckermühle Leckermühle 8, Bohmte
Länge	20 km
Dauer	6 Stunden
Erreichbarkeit	Bus X 276 Haltestelle Herringhausen Leckermühle
Anforderungen	490 Hm, 20 km lang und einige Steigungen
Einkehr	Hotel/Restaurant Leckermühle www.hotel-leckermuehle.de

Höhenprofil

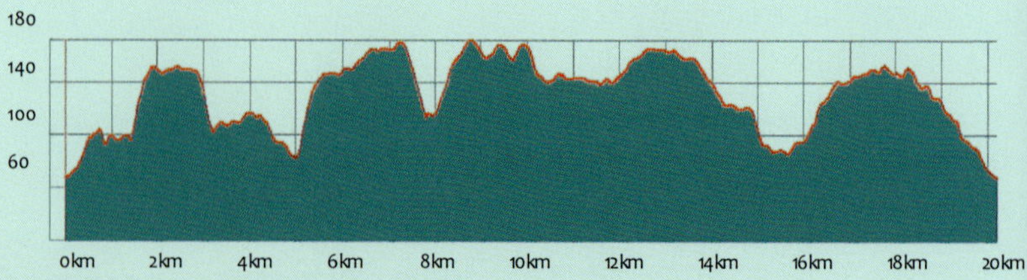

Wanderbeschreibung

Am Parkplatz Leckermühle überqueren wir die Bundesstraße und laufen auf dem **DiVa-Walk** und dem **Wittekindsweg** (weiß/rot gestreift) in Richtung Ostercappeln.

Nachdem wir dem Straßenverlauf ca. 400 m bergauf gefolgt sind, verlassen wir in einer Linkskurve den **DiVa-Walk** und laufen an einer Schranke in den Wald hinein, nun dem TERRA.track **Dampfross** folgend.

Der Track führt erst auf einem breiten Weg weiter bergauf, dann geht es rechts ab auf einen schmalen Pfad und dann oberhalb der Bahnlinie entlang. Nachdem wir ein Grundstück überquert haben, biegen wir hinter dem Grundstück links ab steil bergauf in den Wald.

Oben angekommen führt der Track nach links, wir aber gehen rechts, nun wieder auf dem **DiVa-Walk** und dem **Wittekindsweg**.

Kurz darauf passieren wir die **Windthorstbrücke**, halten uns bei der Gabelung rechts und erreichen die Marienkapelle. Hier folgen wir der Straße **Kapellenweg** nach rechts bergab, hier nun auch auf dem **DiVa-Walk** und auf dem **Arminiusweg** in Richtung Hünenburg, Süntelstein.

Am Ende der Straße führt uns der Weg auf einem schmalen Pfad weiter geradeaus und bergab in den Wald hinein.

Wieder erreichen wir die Bahnlinie und folgen weiterhin **DiVa-Walk** und **Arminiusweg**.

An der **Venner Straße** biegen wir nach rechts und kurz nach der Brückenunterführung wieder rechts in einen schmalen Pfad, der uns zur **Krebsburger Mühle** führt.

An der **Krebsburger Mühle** erreichen wir wieder die **Venner Straße**, verlassen hier nun unsere Wanderzeichen und biegen nach rechts ab.

Kurz darauf, hinter dem Ortsschild „Schwagstorf" biegen wir auf der anderen Straßenseite in den Weg mit der Schranke.

Ein breiter Schotterweg führt uns erst recht steil bergauf,

dann weiter geradeaus auf der Höhe entlang. Von links biegt der **Wittekindsweg** ein, wir laufen weiter geradeaus, nun auch auf dem **Wittekindsweg**, bis wir ein großes Wegekreuz mit **Schranke** erreichen (hier Abkürzung möglich!).

Wir biegen rechts ab auf den **Arminiusweg** in Richtung Hünenburg, Venner Mühle, Venne. Ein breiter Waldweg führt uns bergab. Unten biegen wir hinter einer weiteren Schranke links ab in einen schmalen Pfad, hier wieder mit **Diva-Walk** und den TERRA.tracks **Teufelssteine** und **Schnippenburg**.

An einer T-Kreuzung links abbiegen und weiterhin dem **DiVa-Walk** und TERRA.track **Teufelssteine** folgen.

Es geht wieder bergauf. Am Ende des Weges links abbiegen, dann direkt rechts ab – nun nur noch auf dem **DiVa-Walk**. Es geht im Zickzack durch den Wald, bis ein breiter Waldweg erreicht wird.

Hier nun rechts ab und bald darauf wieder nach links in einen kleinen Pfad abbiegen, der uns zum **Süntelstein** führt.

Hinter dem **Süntelstein** biegen wir nach links, dann wieder nach rechts ab, immer noch auf dem **DiVa-Walk** und erreichen das **Vehrter Naturfreundehaus.** Von hier laufen wir ein kurzes Stück durch ein Wohngebiet, bevor wir links zum **Teufels Backtrog** abbiegen und kurz darauf zur **Schwarzkreidegrube** kommen.

Am Vehrter Schützenhaus laufen wir auf dem breiten Weg links bergauf und immer geradeaus, bis wir wieder das Wegkreuz erreichen.

Nun biegen wir nach rechts ab und folgen dem **DiVa-Walk** und dem Arminiusweg bis zur **Krebsburger Mühle**.

Nun geht es auf dem bekannten Weg zur Unterführung und ab dort dem **Wittekindsweg** folgend, am Ortsrand von Ostercappeln entlang zurück zum Ausgangspunkt.

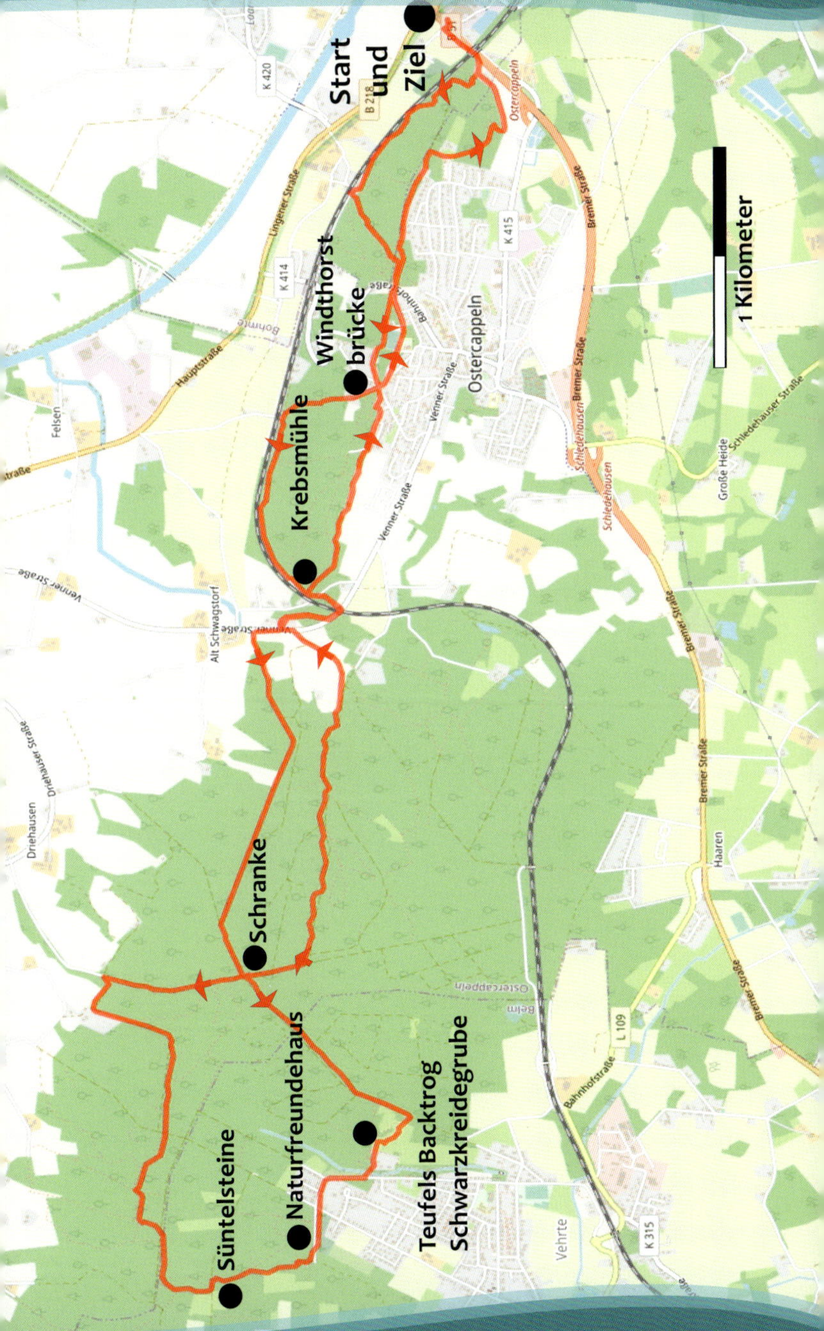
Start
und
Ziel
Windthorst
brücke
Krebsmühle
Schranke
Naturfreundehaus
Süntelsteine
Teufels Backtrog
Schwarzkreidegrube
1 Kilometer
Ostercappeln
Vehrte
Haaren
Große Heide
Driehausen
Felsen
Alt Schwagstorf

Mit dem Erzsteig um den Hüggel

Start/Zielpunkt	Wanderparkplatz Roter Berg Roter Berg 9, Hasbergen
Länge	15,3 km
Dauer	4 1/2 Stunden
Erreichbarkeit	Bus X 493 Haltestelle Hasbergen Schierke
Anforderungen	385 Hm, einige Steigungen
Einkehr	Gasthaus Jägerberg, www.jaegerberg.de nach 12 Kilometern

Höhenprofil

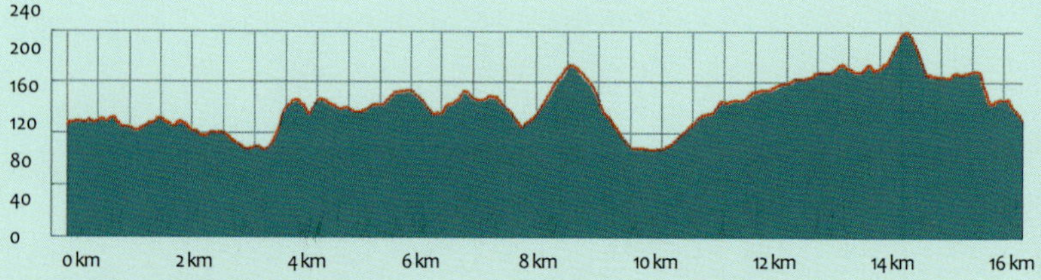

Wanderbeschreibung

Wir starten am Wanderparkplatz **Roter Berg** und folgen den TERRA.tracks Erzsteig und Hüggel-Rundweg links, bzw. im Uhrzeigersinn.

Nachdem wir die **Gedenkstätte Augustaschacht** passiert haben, eine Besichtigung ist sehr zu empfehlen, unterqueren wir die Bahnlinie.

Hier beginnt die Hüggelschlucht und auf dem kleinen Parkplatz nehmen wir den kleinen Pfad steil aufwärts. Hier immer noch Erzsteig.

Bald darauf zweigt im Wald der Hüggel-Rundweg ab und wir laufen weiter auf dem Erzsteig.

Am **Jugendhaus Hüggelschlucht** biegen wir nach links und dann sofort wieder nach rechts ab.

Vor dem Haus Nr. 19 gehen wir links kurz an der Einfahrt entlang und dann weiter auf dem Feldweg.

Der Erzsteig führt uns über eine Weide zu einigen Häusern und wir überqueren die Straße **Zum Jägerberg** und biegen in die Straße **Auf der Heide** ein.

Wir befinden uns immer noch auf dem Erzsteig und gehen in Richtung Orchideenwiese.

An einem sehr verwirrenden Wegkreuz (zum Zeitpunkt der Erkundung war eine Richtung des Erzsteigs falsch ausge-

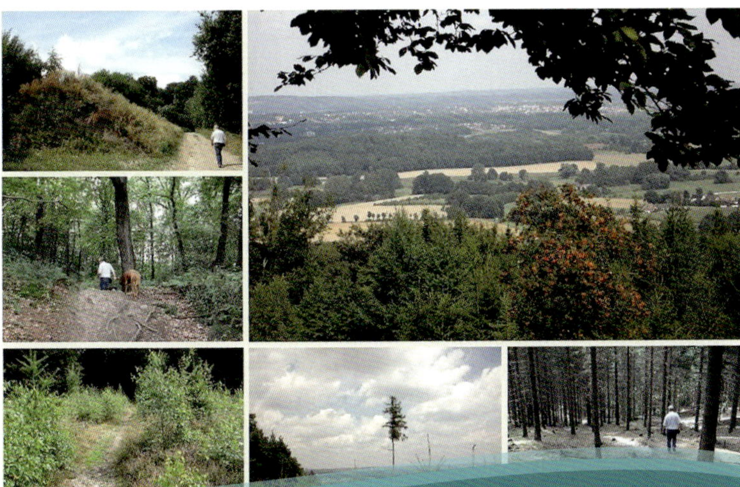

schildert) halten wir uns links, weiterhin in Richtung Orchideenwiese.

Am Wanderparkplatz **Lorenkamp** trennen wir uns vom TERRA.track **Orchideenwiese** und laufen weiter geradeaus auf der Straße auf dem **Erzsteig** in Richtung Wanderparkplatz **Jägerberg, Bödigestein, Augustaschacht.**

Kurz hinter dem **Gasthaus Jägerberg** laufen wir in den Wald. Hier lohnt auf jeden Fall ein Schlenker auf dem schmalen Pfad um den **Silbersee** herum (dazu wird der Erzsteig kurz verlassen).

Nach der Runde um den See setzen wir dem Weg auf dem **Erzsteig** fort.

In einer Linkskurve steht ein Pfosten mit Wegezeichen, an dem die Möglichkeit besteht, den **Erzsteig** auf einem schmalen Pfad zu „umgehen“.

Der Weg ist spannend, aber mit einem sehr steilen Abstieg und weder bei Nässe, Schnee oder Eis zu empfehlen!

Einerlei ob mit oder ohne Variante führt der **Erzsteig** wieder zum Ausgangspunkt zurück.

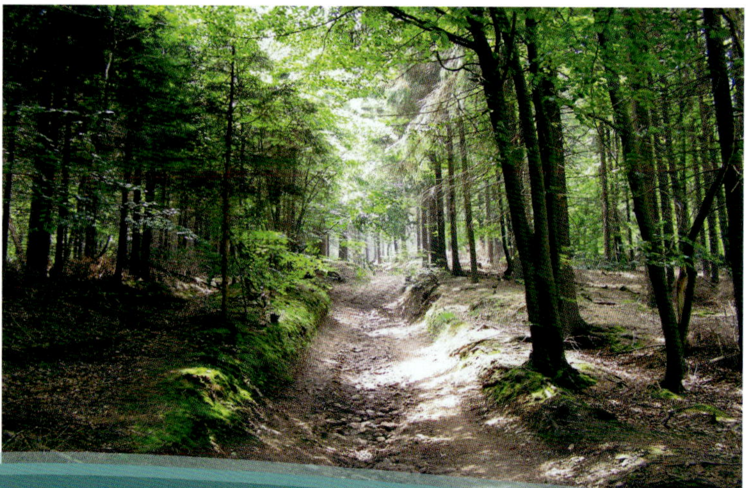

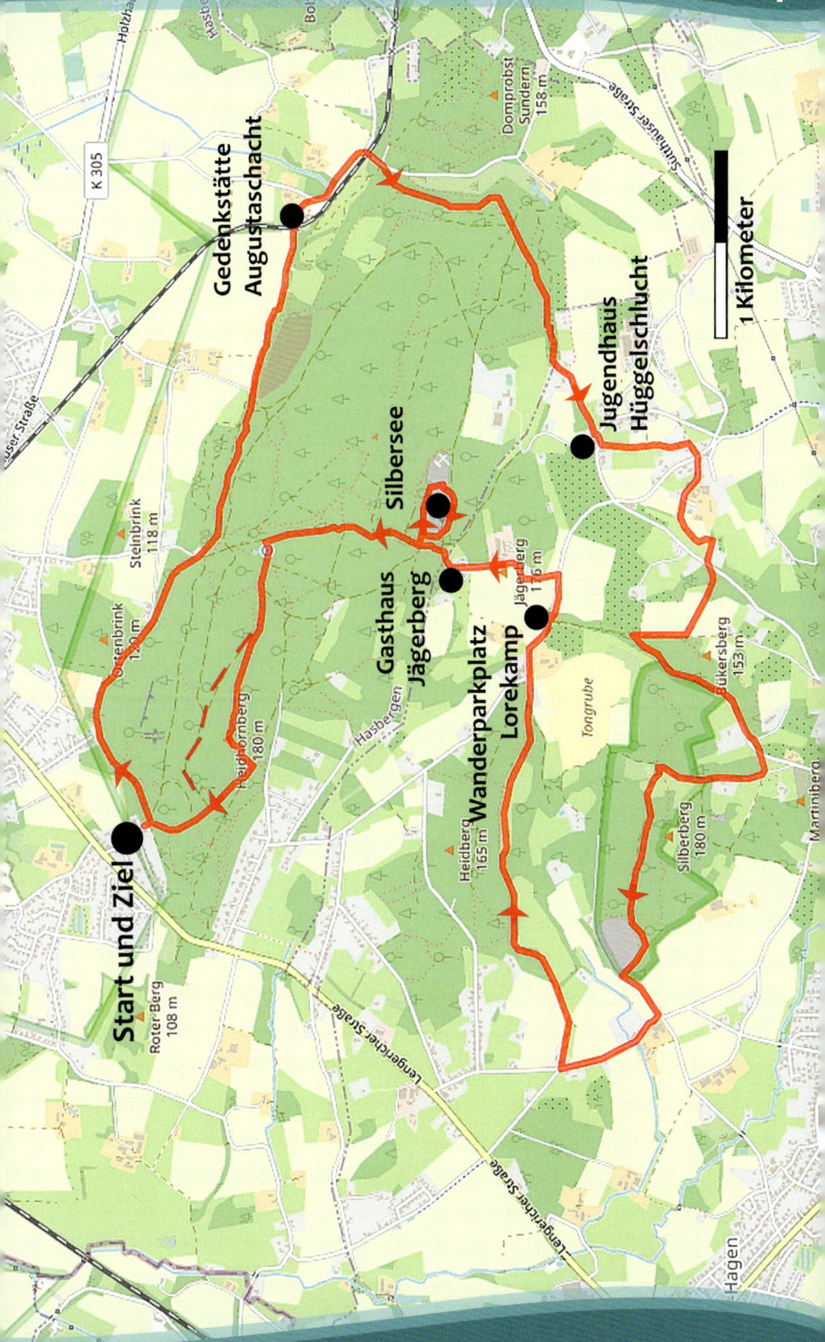
Start und Ziel
Gedenkstätte
Augustaschacht
Silbersee
Gasthaus
Jägerberg
Wanderparkplatz
Lorekamp
Jugendhaus
Hüggelschlucht
1 Kilometer
K 305
Steinbrink
118 m
Heidhornberg
180 m
Roter Berg
108 m
Domprobst
Sundern
158 m
Heidberg
165 m
Silberberg
180 m
Tongrube
Hasbergen
Lengericher Straße
Hagen

Kneipp to go Plus

Start/Zielpunkt	Parkplatz hinter dem Rathaus Am Gografenhof, Bad Iburg
Länge	17,2 km
Dauer	4 1/2 Stunden
Erreichbarkeit	Bus 465 Haltestelle Radthaus Bad Iburg
Anforderungen	420 Hm, einige Steigungen
Einkehr	Forsthaus Oesede www.forsthaus-oesede.de

Höhenprofil

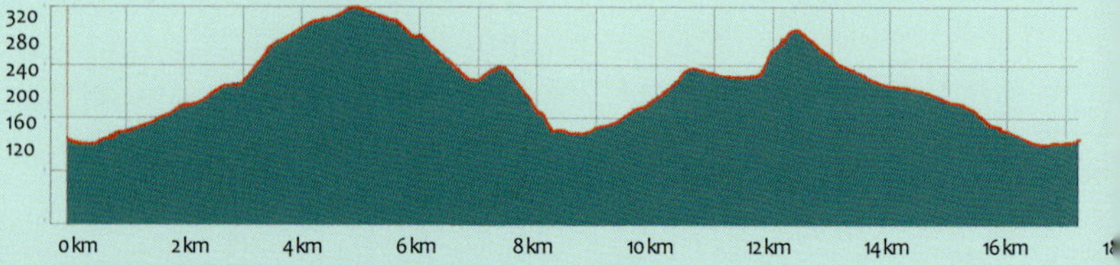

Wanderbeschreibung

Wir starten unsere Wanderung auf dem Parkplatz hinter dem **Rathaus** und gehen zunächst am **Uhrenmuseum** vorbei und kreuzen bei der Tankstelle den **Charlottenburger Ring**.

Nach wenigen Metern biegen wir nach links ab und folgen nun der Ausschilderung TERRA.track **Kneipp to go** für 5,4 km.

Der Weg führt uns anfangs durch einen **Park**, am **Schwimmbad** und an der **Jugendherberge** vorbei zum Waldrand.

Nach einem kurzen Stück auf der **Hagener Straße** geht es rechts in Serpentinen zum **Hermannsturm** auf den **Dörenberg**. Der renovierte Aussichtsturm, unter dem sich auch eine Schutzhütte befindet, ist 21 Meter hoch und bietet tolle Weitblicke ins Osnabrücker Land.

Als nächstes passieren wir die Radarstation, verlassen die Ausschilderrung **Kneipp to go** und biegen danach rechts auf den **Ahornweg** ab.

Diesem folgen wir bis zum **Forsthaus Oesede** (2,5 km).

Vom **Forsthaus** folgen wir dem **Ahornweg** noch 250 m und biegen dann am Waldrand nach

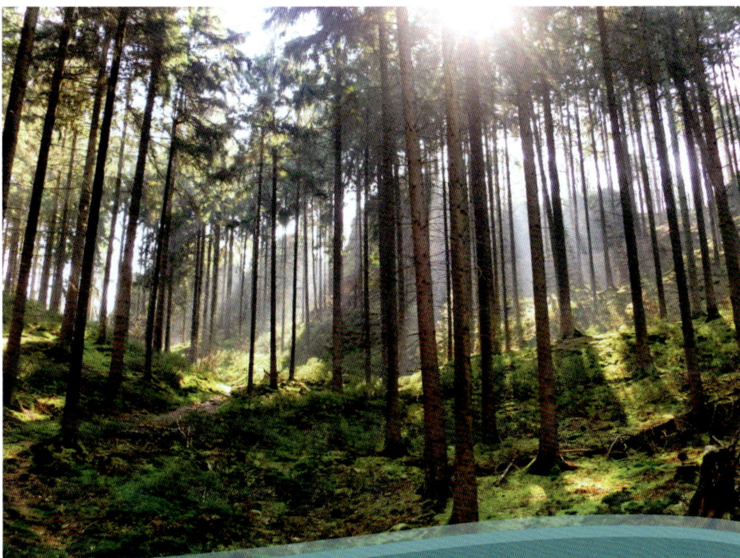

links ab (ohne Ausschilderung).

Wir kreuzen einen Radweg und folgen nun der Ausschilderung **12**.

Ein alleinstehendes **Haus** mit der Nummer 24 kommt in Sicht, wir biegen scharf links ab und nehmen dann den ansteigenden Abzweig nach rechts.

Kurz vor der Kuppe treffen wir auf die **Georgsmarienhütter 0** und gehen links. Dabei folgen wir auch der Ausschilderung **Achter de Welt** bis zum gleichnamigen Wanderparkplatz.

Wir gehen vom Parkplatz geradeaus bis zum **Haus Nr. 3** und biegen links ab.

Nach einem kurzen geraden Stück treffen wir wieder auf die Beschilderung TERRA.track **Kneipp to go**.

Wir folgen nun diesem gut ausgeschilderten Weg, der nicht weiter beschrieben werden muss, für 4,8 km und erreichen so wieder den Ausgangspunkt der Wanderung in Bad Iburg.

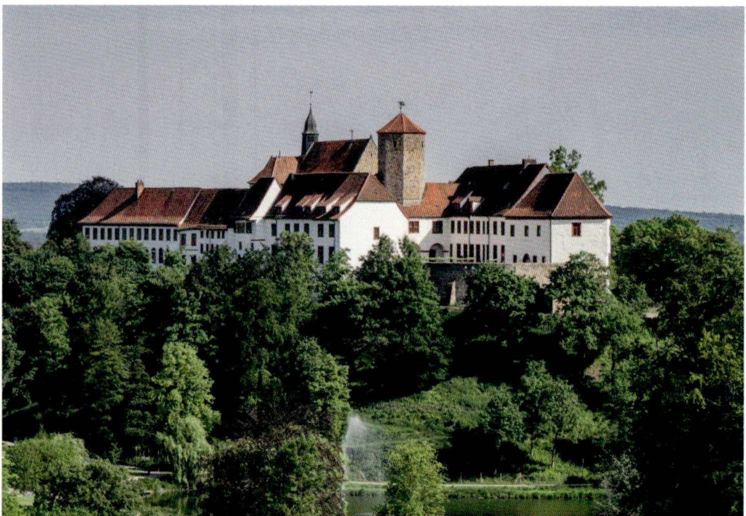

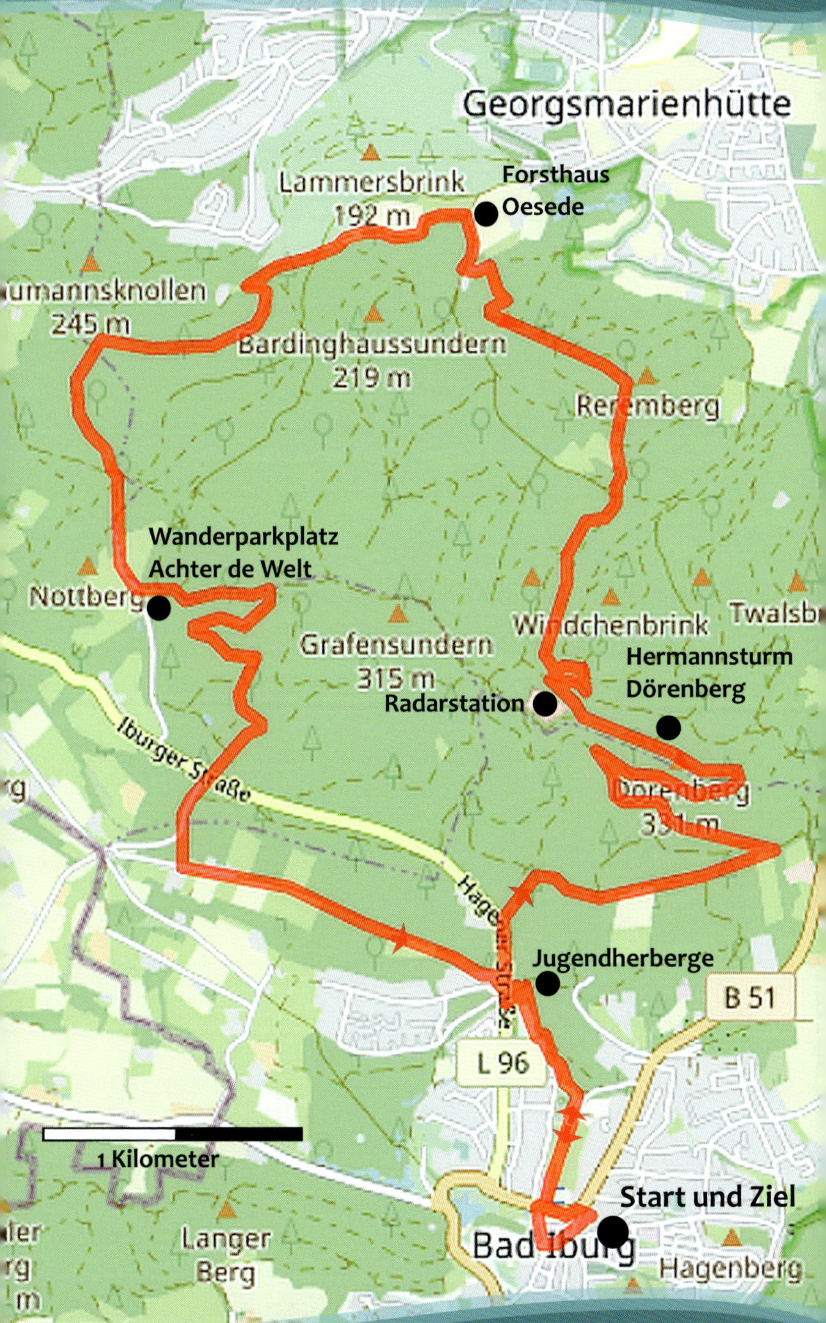
Georgsmarienhütte
Lammersbrink
192 m
Forsthaus
Oesede
umannsknollen
245 m
Bardinghaussundern
219 m
Wanderparkplatz
Achter de Welt
Nottberg
Grafensundern
315 m
Radarstation
Windchenbrink
Twalsb
Hermannsturm
Dörenberg
Dörenberg
331 m
Iburger Straße
Hagener Straße
Jugendherberge
B 51
L 96
1 Kilometer
Start und Ziel
Bad Iburg
Langer
Berg
Hagenberg

Die Ahornschleife von Bad Iburg

Start/Zielpunkt	Wanderparkplatz Freeden Bergstraße 1, Bad Iburg
Länge	19 km
Dauer	5 1/2 Stunden
Erreichbarkeit	Bus 465 Haltestelle Rathaus Bad Iburg 1 km vom Start entfernt
Anforderungen	420 Hm, einige Steigungen
Einkehr	Am Ziel: Gasthof zum Freden www.hotel-freden.de

Höhenprofil

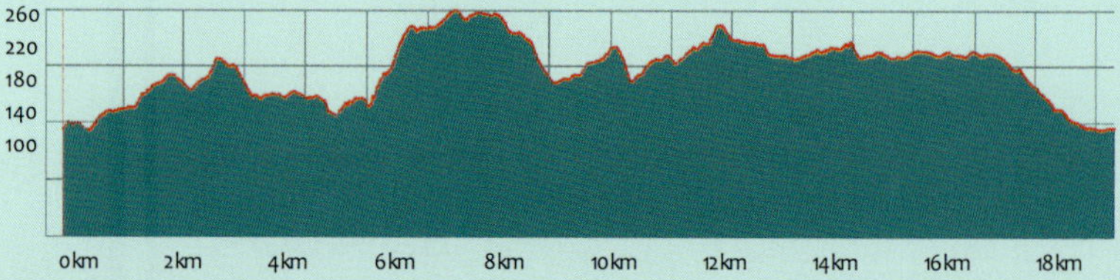

Wanderbeschreibung

Von der **Wassertretstelle** aus folgen wir der Ausschilderung zum **Ahornweg**, passieren dabei die Kläranlage.

Wir erreichen den **Ahornweg** nach 400 m und folgen diesem nach links.

Nach 2 km steigt der bis hier flache Weg deutlich an. Er vereint sich mit dem **Hermannsweg** und führt anschließend zur **Fredenhütte**.

Wir erreichen den **Blüsenpatt**, einen naturkundlichen Pfad. Der **Ahornweg** biegt rechtwinklig ab (km 6,6) und wir bleiben auf dem **Hermannsweg** bis wir die Straße **Zum Kalkbruch** erreichen.

Hier gehen wir links (km 8,2). Der Weg führt zu einem Gehöft, über das wir nach rechts dem ansteigenden Weg folgen. Kurz darauf erreichen wir die **Waldchaussee**, gehen links und biegen am Parkplatz links ab. Der schmale Weg führt uns ansteigend in Richtung des vom Hinweg bekannten **Ahornwegs**.

Noch bevor wir diesen erreichen geht es aber wieder steil zur **Waldchaussee** hinunter und dort links. Wir folgen nun der Ausschilderung **Karussellplatz**, passieren diesen und gehen weiter in Richtung **Zeppelinstein**.

Wir treffen auf den **Ahornweg** und folgen diesem nach links.

Wir erreichen das **Wasserpumpwerk** und verlassen den **Ahornweg** nach links.

Der **Glaner Weg** führt uns zurück zum Ausgangspunkt an der **Wassertretstelle**.

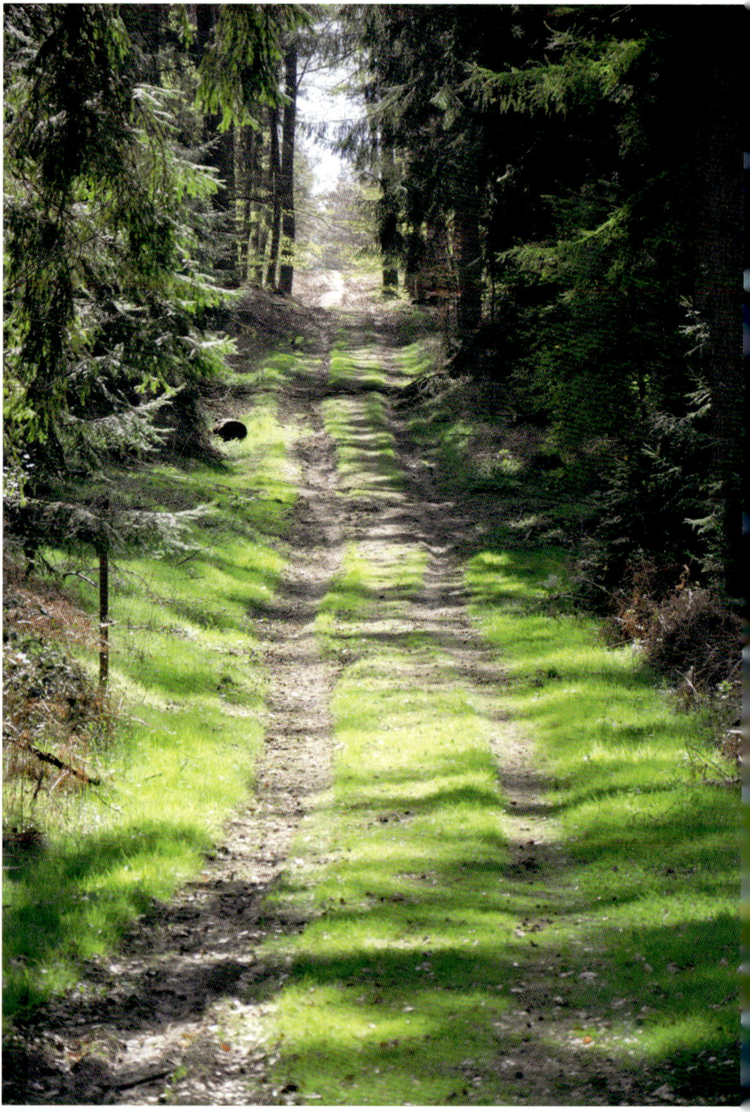

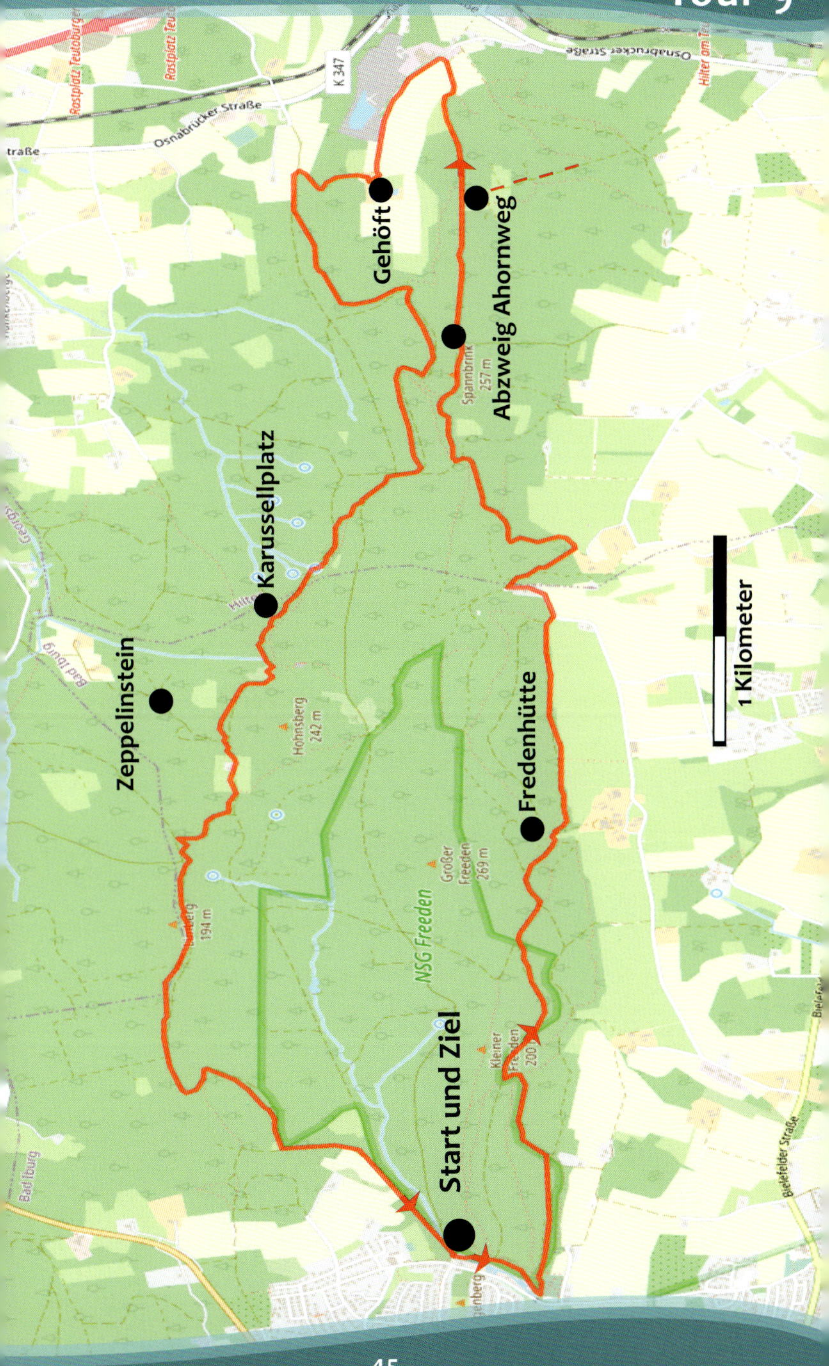
Gehöft
Abzweig Ahornweg
Karussellplatz
Zeppelinstein
Fredenhütte
Start und Ziel
1 Kilometer
NSG Freeden
Großer Freeden 269 m
Kleiner Freeden 200
Hohnsberg 242 m
Spannbrink 257 m
194 m
K 347
Osnabrücker Straße
Bielefelder Straße
Bad Iburg

Hülsberg und Noller Schlucht

Start/Zielpunkt	Parkplatz Borgloher Straße, Abzweig Am Hüls, Hilter
Länge	14 km
Dauer	4 Stunden
Erreichbarkeit	Bus 467 Haltestelle Hankenberge, Bahnho 450 m vom Start entfernt
Anforderungen	490 Hm, mit 3 längeren Steigungen
Einkehr	Am Steinbruch, ca. 500 m vom Start/Zielpunkt www.am-steinbruch-hilter.de

Höhenprofil

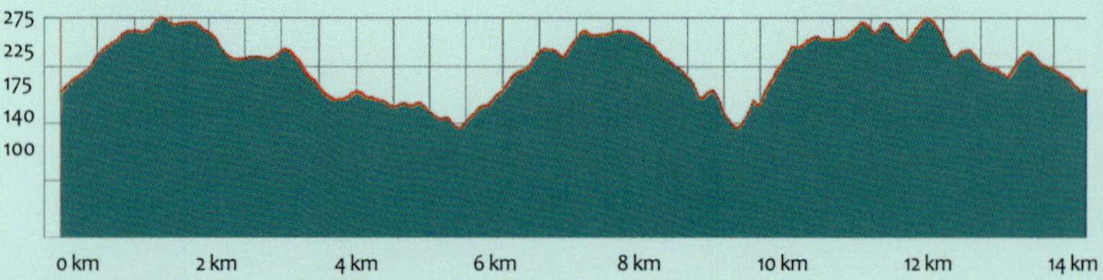

Wanderbeschreibung

Wir starten unsere Wanderung in Hankenberge **Am Hüls** an der Fußgängerbrücke über die **A 33**. Wir befinden uns auf dem **Hermannsweg** und folgen diesem für 1,9 km.

Am Abzweig **Johannislaube/Wellingholzhausen** verlassen wir den **Hermannsweg** und folgen nun der Ausschilderung **Ahornweg** für 1,2 km. Am Wegweiser nach **Welldorf** verlassen wir den **Ahornweg** und biegen rechts ab.

Wir passieren ein Gehöft, erreichen die Waldstraße und gehen rechts. Wir treffen auf den TERRA.track **Kalksteinklippen** und bald darauf auf den **Hermannsweg**.

Nun gehen wir weiter zum **Lernstandort Noller Schlucht**. Hier queren wir die Landstraße und verlassen den **Hermannsweg** dort wo er rechts ansteigt.

Wir gehen geradeaus auf dem TERRA.track **Von Egge zu Egge** weiter.

In einer Linkskurve folgen wir dem TERRA.track rechts ansteigend zum Kamm.

Oben angekommen treffen wir wieder auf den **Hermannsweg** und folgen diesem nach rechts zurück zum **Lernstandort Noller Schlucht**.

Ab hier folgen wir nun zunächst dem **Ahornweg**. Nach 1,8 km erreichen wir den **Wehdeberg**. Hier verlassen wir den **Ahornweg** nach rechts auf einem kleinen Pfad ohne Markierung. Der folgende Forstweg ist mit **drei Tannen** markiert.

Wir gehen 400 m nach links und biegen dann rechts auf den ansteigenden Weg ab. Wir treffen

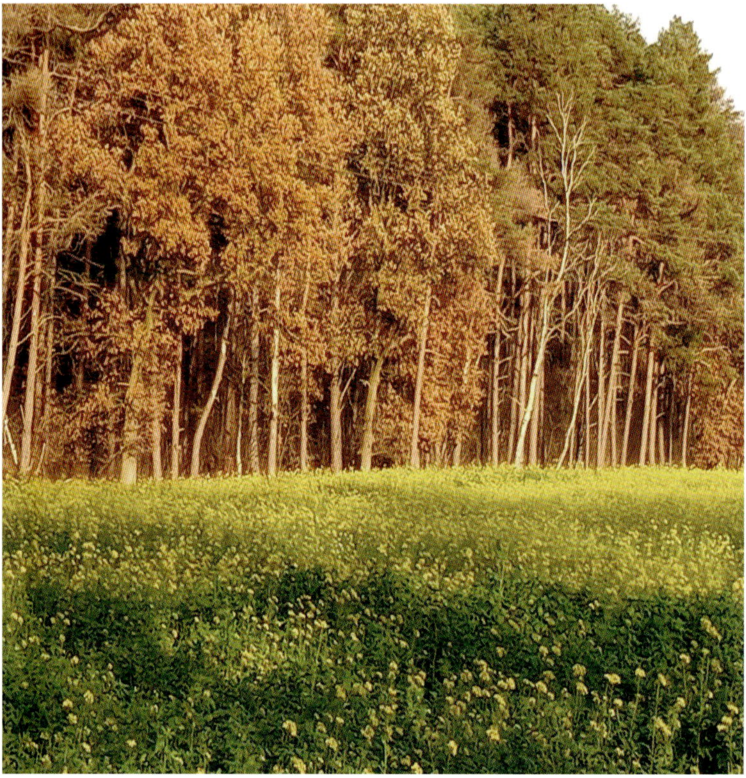

auf den **Ahornweg**, dem wir nach links absteigend folgen. An einer Lichtung mit Hinweisschild **Kleiner Freeden** verlassen wir den **Ahornweg** und nehmen den ansteigenden Weg nach rechts.

Wir passieren einen **Wasser-Hochspeicher** und gehen bergab zum **Hermannsweg**, der uns nach links zurück zum Ausgangspunkt führt.

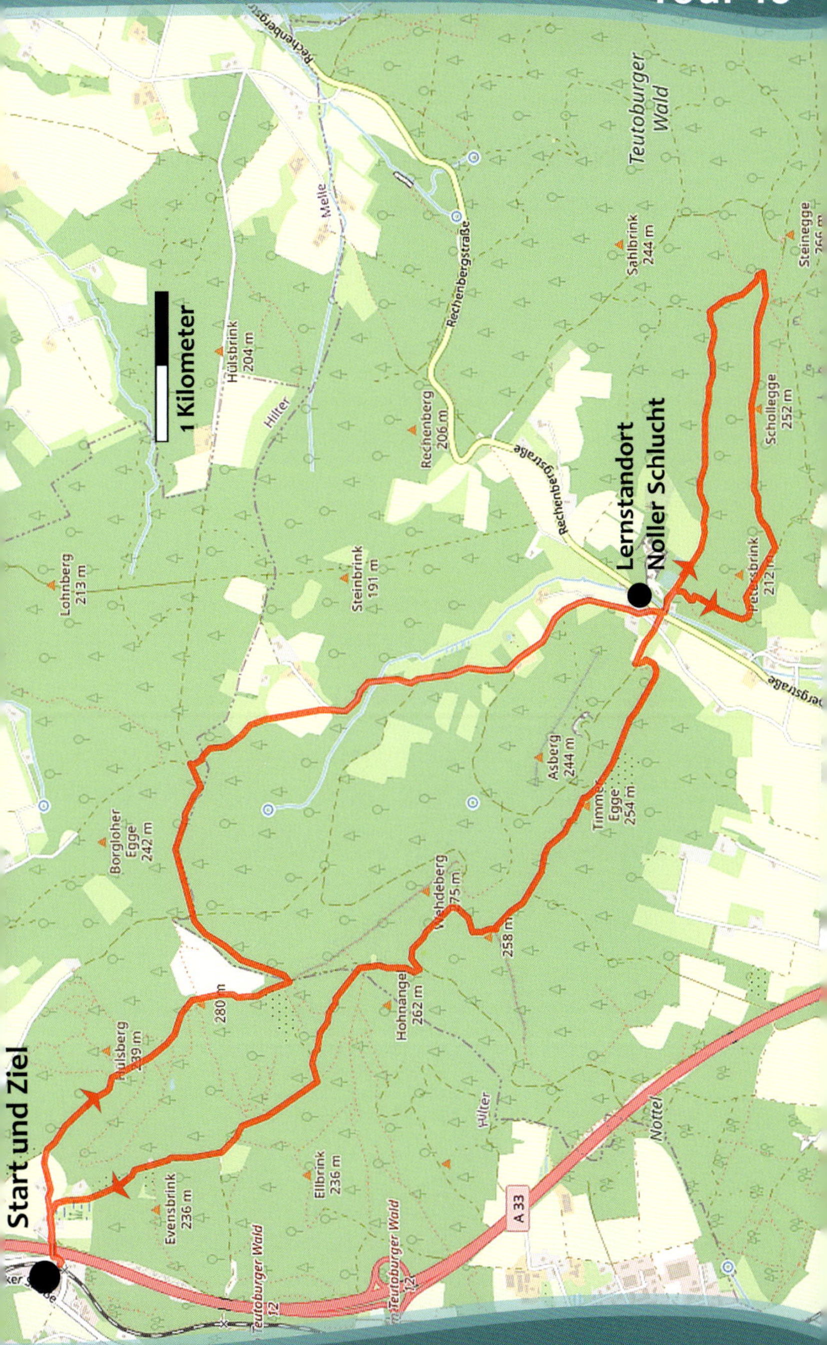
Start und Ziel
Lernstandort
Noller Schlucht
1 Kilometer
Teutoburger Wald
Rechenbergstraße
Hülsbrink 204 m
Lohnberg 213 m
Steinbrink 191 m
Rechenberg 206 m
Sahlbrink 244 m
Schollegge 252 m
Borgloher Egge 242 m
Asberg 244 m
Timmer Egge 254 m
Hohnangel 262 m
Evensbrink 236 m
Ellbrink 236 m
Hilter
Melle
Nöttel
A 33

Noller Schlucht und Beutling

Start/Zielpunkt	Parkplatz Lernstandort Noller Schlucht Rechenbergstraße 100, Dissen
Länge	20,5 km
Dauer	6 Stunden
Erreichbarkeit	per ÖPNV nicht gut erreichbar
Anforderungen	500 Hm, längere Wanderung mit einigen Steigungen
Einkehr	bei Wellingholzhausen : Café-Gasthaus Zum Beutling, www.bredenstein-gmbh.de In Wellingholzhausen: Eiscafé Bei Uschi

Höhenprofil

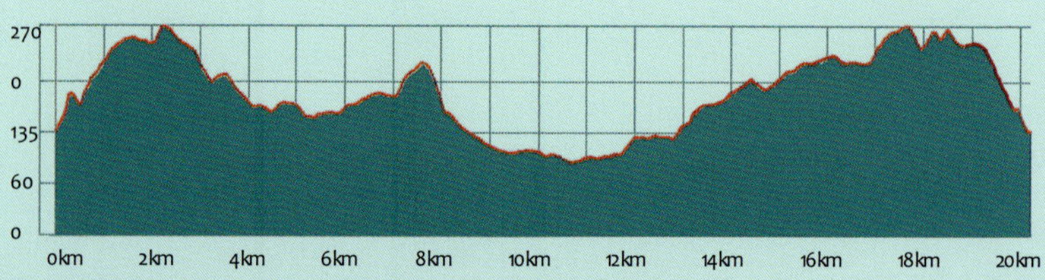

Wanderbeschreibung

Wir starten unsere Wanderung am Wanderparkplatz **Noller Schlucht** und folgen dem **Ahornweg** in Richtung Osten, also ohne die Straße zu überqueren.

Der **Ahornweg** ist gut ausgeschildert und wir verlassen die Ausschilderung erst nach mehr als 17 km.

Zunächst steigen wir aber auf den Kamm des Teutoburger Waldes hinauf.

Der **Hermannsweg** verläuft zunächst parallel. Nach 2 km erreichen wir einen **Funkturm** auf der **Steinegge** und verlassen nun den **Hermannsweg** nach links bergab in Richtung **Blauer See**.

Am **Blauen See**, der eher ein Teich ist, gibt es eine Schutzhütte und wir folgen weiter dem **Ahornweg** nach rechts über einen Bach hinweg.

An der **Schwarzen Welle**, auch als **Almaquelle** bekannt, befindet sich ein Tümpel, der als wichtigste Wasserquelle der **Hase** gilt.

Wir treffen auf die Straße **Im Puschkental**, gehen links und verlassen die Straße an einer etwas unübersichtlichen Stelle in Richtung **Beutling**.

Auf dem **Beutling** befindet sich ein **Aussichtsturm**, dessen Besteigung sich lohnt. Anschließend geht es an der Gaststätte **Zum Beutling** vorbei durch eine schöne Allee nach **Wellingholzhausen**.

An der Gaststätte ändert sich der Charakter der Wanderung, die nun längere Zeit durch eine offene Landschaft über befestigte Wege verläuft. In **Wellingholzhausen** lohnt sich ein Abstecher in Richtung Kirche, wo es u.a. ein Eiscafé gibt.

Anschließend geht es weiter auf dem **Ahornweg** aus dem Ort hinaus.

Am Ortsrand geht es ein Stück an der **Landstraße ohne Seitenstreifen** entlang, bevor der **Ahornweg** nach links abbiegt.

Der Weg verläuft für ca. 1,6 km gerade auf Asphalt und geht an einem einsamen Haus in einen Waldweg über.

An einer **Schutzhütte** zweigt der **X25** nach rechts ab, wir gehen aber weiter geradeaus auf dem **Ahornweg**.

Nach einer längeren Steigung erreichen wir den **Hermannsweg** und gehen kurz links und dann rechts auf dem **Ahornweg**.

Kurz darauf **verlassen** wir den **Ahornweg** dort, wo er rechts in eine Senke abbiegt.

Wir gehen nun ohne Ausschilderung geradeaus und passieren dabei eine Lichtung, erreichen eine Forststraße und gehen nach links.

Der Weg steigt in einer Rechtskurve an und erreicht einen ehemaligen Holzlagerplatz. Hier folgen wir dem kleinen Pfad nach rechts hinauf auf den **Wedeberg**.

Auf der Kuppe erreichen wir wieder den **Ahornweg**, folgen diesem nach links.

Wir bleiben nun bis zum Ausgangspunkt, den wir nach weiteren 2,7 km erreichen, auf dem **Ahornweg**.

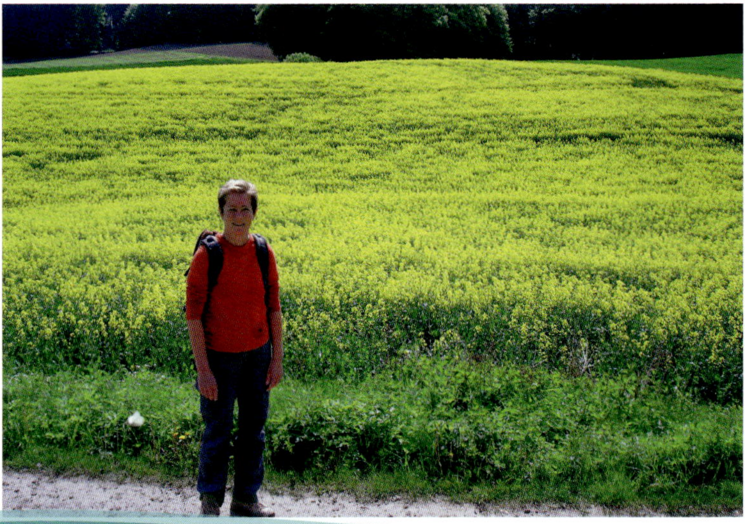

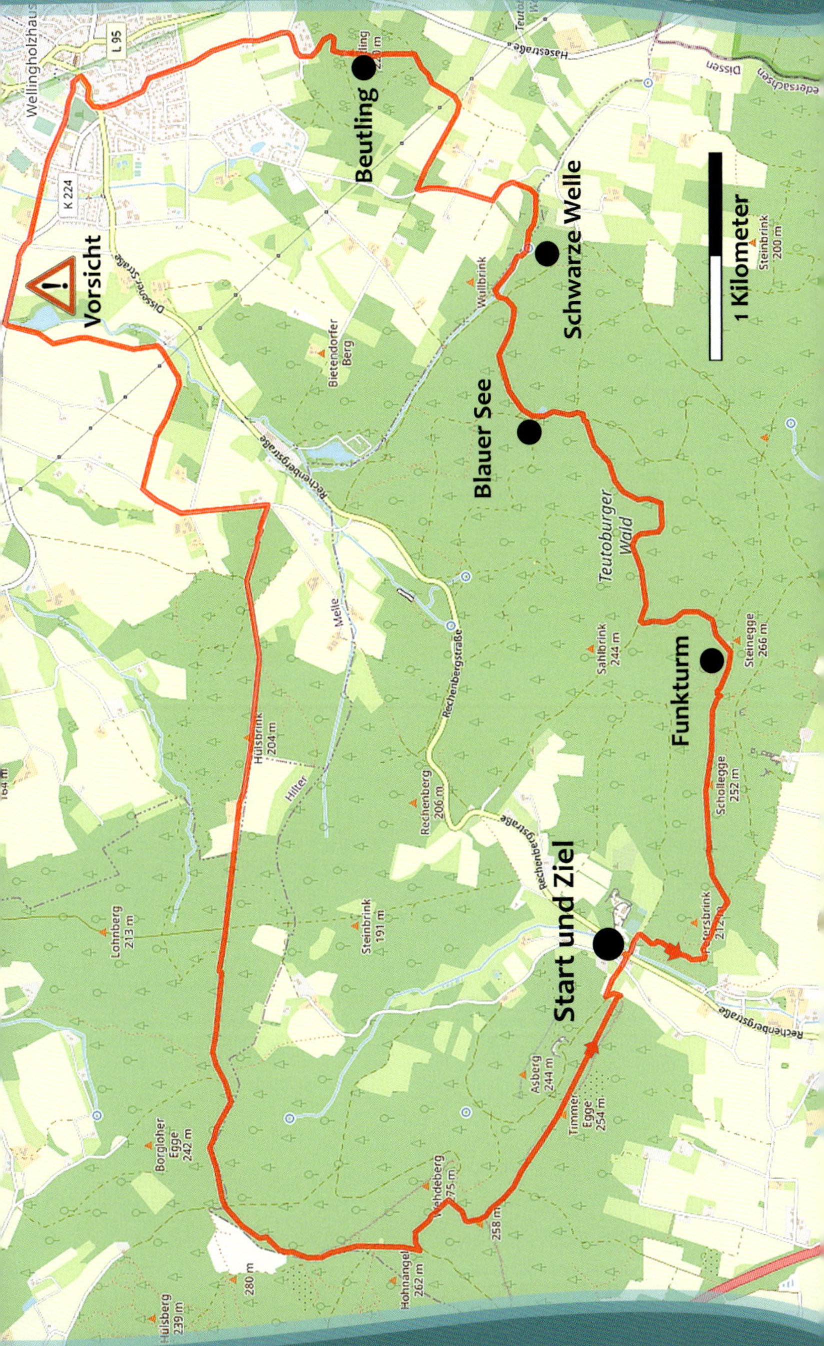
Beutling
Schwarze Welle
Blauer See
Funkturm
Start und Ziel
Vorsicht
1 Kilometer
Teutoburger Wald

Rund um Holperdorp

Start/Zielpunkt	Parkplatz Diöhnendiek, Sudenfelder Straße, Hagen a.T.W.
Länge	19,2 km
Dauer	5 1/2 Stunden
Erreichbarkeit	per ÖPNV nicht gut erreichbar
Anforderungen	650 Hm, längere Wanderung mit einigen Steigungen
Einkehr	Malepartus www.malepartus.net Waldschlösschen www.waldschloesschen-lienen.de

Höhenprofil

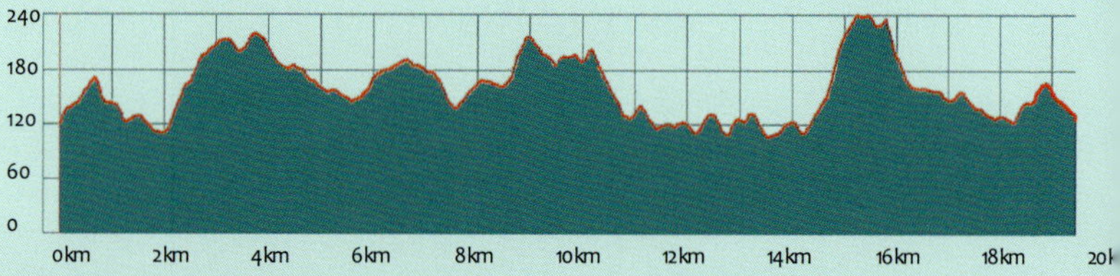

Wanderbeschreibung

Vom Wanderparkplatz gehen wir an der Hütte und der Schranke vorbei in Richtung **Variante Butterberg und Teutoburger Waldsee**.

Wir überqueren den **Mittelberg**, erreichen den Waldrand und folgen der Ausschilderung nach links **Wanderparkplatz Gellenbeck**.

Am zweiten Abzweig gehen wir nach rechts (ca. 400 m) über das Feld, unterqueren eine Stromleitung, erreichen die **Holperdorper Straße** und gehen ca. 300 m nach rechts.

Wir biegen nach links in den **Loheider Knapp** ab und gehen nach wenigen Metern, noch vor dem ersten Haus, wieder nach rechts.

An einer **Wanderwegekreuzung** treffen wir auf die Ausschilderung **Borgberg** und folgen dieser in Richtung **Almhütte**. Kurz darauf treffen wir auf den **Ahornweg**, dem wir nun für 2,7 km folgen.

Wir passieren dabei die **Almhütte**, die sich für eine erste Rast anbietet und einen schönen Fernblick bietet. Anschließend folgen wir dem **Ahornweg** in Richtung **Duvensteine**. Dabei passieren wir gegenüber der Großgärtnerei Schönhoff den ältesten Weinberg im Osnabrücker Land.

Nachdem wir die **Duvensteine** passiert haben, verlassen wir den **Ahornweg** und folgen nun der **Teutoschleife Holperdorp** mit der Ausschilderung **Malepartus** 4,6 km. Der gut ausgeschilderte Weg bedarf keiner weiteren Beschreibung, lediglich kurz vor dem Zwischenziel **Malepartus** müssen wir achtgeben.

Die Ausflugsgaststätte ist in der Regel gut besucht, es kann aber auf das **Waldschlösschen**, was kurz darauf auf der Strecke liegt, ausgewichen werden!

Vom Gasthof **Malepartus** folgen wir dem **A9** und der **Teutoschleife Holperdorp** steil abwärts zum Fuß des Teutoburger Waldes.

Hier geht es nach rechts und wir passieren das Hotel/Restaurant **Waldschlösschen**, folgen der

Teutoschleife weiter und passieren den Abzweig zum **Wasserfall**. Bei der Markierung **X** und **A11** verlassen wir die Teutoschleife und bleiben am Waldrand.

Bei der nächsten Möglichkeit verlassen wir den **X-Weg** nach links in Richtung Wald, gehen geradeaus bergan und ignorieren die Abzweigungen bis wir auf den Zaun des **Steinbruchs** treffen.

Wir folgen dem Verlauf des Zaunes nach rechts und gehen steil bergauf bis wir den **Kamm** erreichen. Hier folgen wir dem **Hermannsweg** nach links. Hinter der **Alex-Scholl-Hütte** gehen wir steil bergab nach rechts bis zur **Holperdorper Straße**. Hier gehen wir kurz nach links und nach wenigen Metern rechts am Haus Nr. 74 vorbei zur Straße **Zum Sundern**.

Wir erreichen Sudenfeld und gehen an der Kreuzung mit der alten Schule rechts auf den **Gretzmanns Esch**. Nach ca. 700 m zweigt direkt bei einer Hochspannungsleitung die **Stückstraße** nach links ab und wir folgen dieser. Dabei passieren wir ein Privatgrundstück mit freundlichen Anwohnern, erreichen wieder den vom Hinweg bekannten TERRA.track **Butterberg** und gehen über den **Kahlenberg** zurück zum Ausgangspunkt .

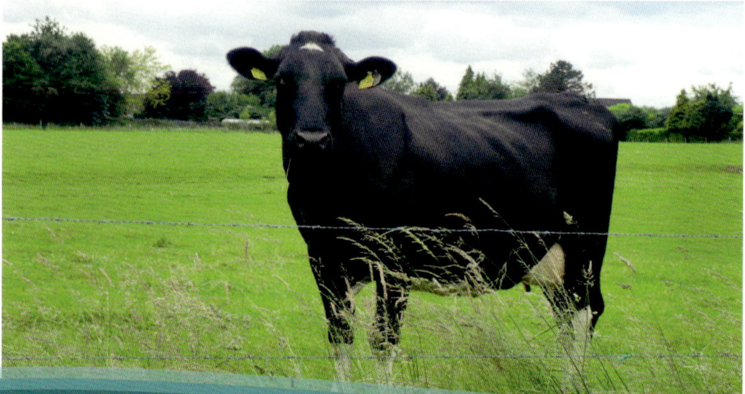

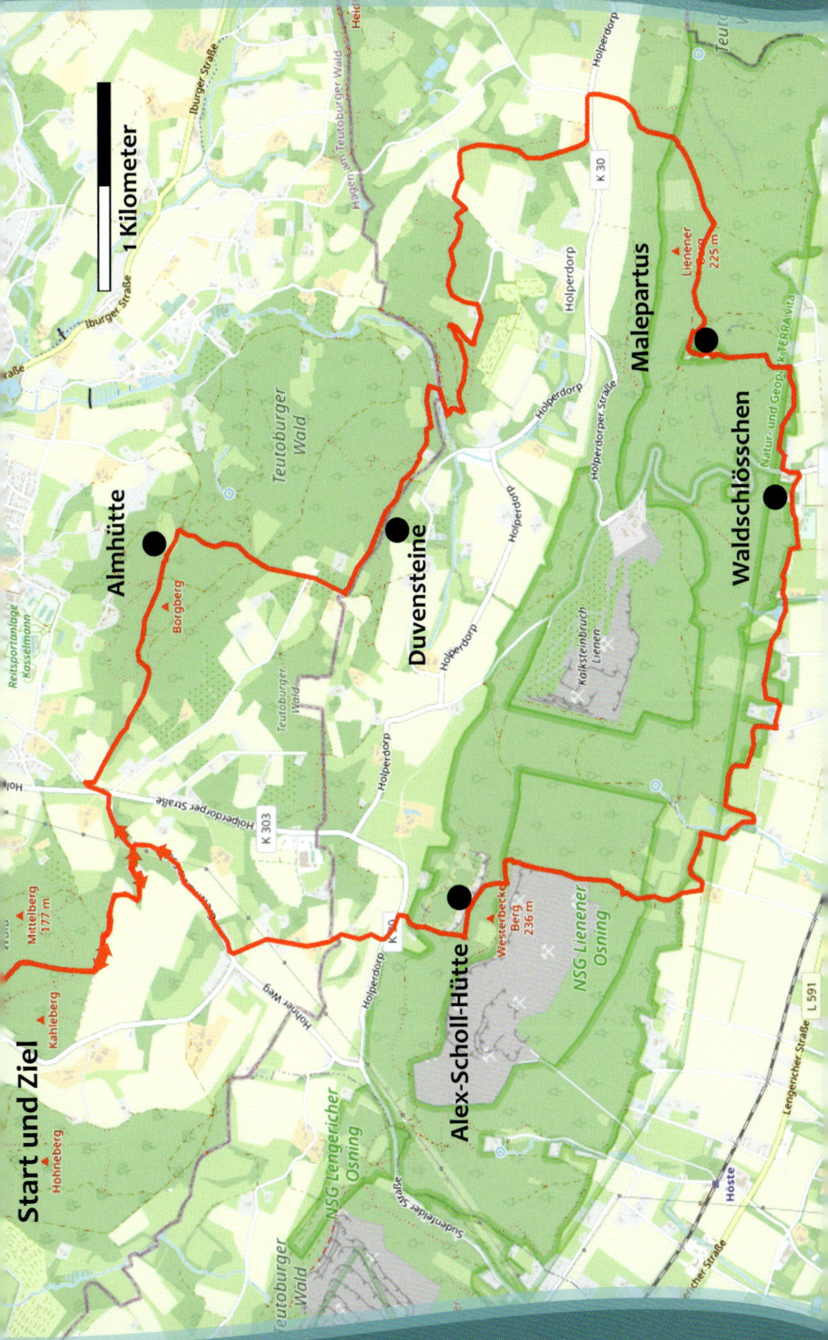
1 Kilometer
Start und Ziel
Almhütte
Duvensteine
Alex-Scholl-Hütte
Malepartus
Waldschlösschen
Teutoburger Wald
NSG Lienener Osning
NSG Lengericher Osning
Westerbecker Berg 236 m
Lienener Berg 225 m
Borgberg
Mittelberg 177 m
Kahleberg
Hohneberg
Holperdorp
Holperdorper Straße
Kalksteinbruch Lienen
Iburger Straße
Hohner Weg
Sudenfelder Straße
Lengericher Straße
Höste
K 303
K 30
L 591

Die Gipfelstürmer Runde

Start/Zielpunkt	Parkplatz Forsthaus Oesede Bardinghaushof, Georgsmarienhütte
Länge	18 km
Dauer	5 1/4 Stunden
Erreichbarkeit	Bus 464, ab OS Hbf - Die Haltestelle Panoramabad liegt ca. 1,3 km vom Startpunkt entfernt
Anforderungen	650 Hm, längere Wanderung mit einigen Steigungen
Einkehr	Forsthaus Oesede www.forsthaus-oesede.c

Höhenprofil

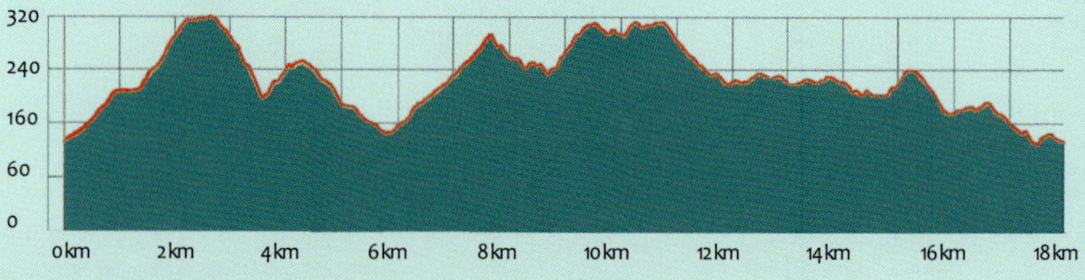

Wanderbeschreibung

Vom Wanderparkplatz gehen wir zunächst am Forsthaus vorbei und biegen dann links auf den TERRA.track **Varusturm und Mathildenruh** ab.

Nach 1 km erreichen wir eine Wegkreuzung und wir verlassen den TERRA.track, der hier rechts abwärts führt und gehen geradeaus den ansteigenden Weg mit der Markierung **4**.

Der steile Weg trifft auf der Kuppe auf die Georgsmarienhütter **O** und den **A4**.

Wir passieren den **Fernsehturm Grafensundern** und biegen 100 m danach spitzwinklig nach links auf einen unmarkierten Pfad, der uns steil bergab führt.

An der T-Kreuzung oberhalb eines Bachs gehen wir rechts.

Wir passieren die etwas verdeckt liegende **Quelle** des Bachs und nehmen den nächsten wieder spitzwinklig nach links abzweigenden Weg bergan.

Dabei passieren wir den **Barrenbrink** (Berg), erreichen dann den **Ahornweg** und folgen diesem nach links.

Nach 300 m erreichen wir ein Wanderwegekreuz und folgen der Ausschilderung zum Parkplatz **Zum Brunnen** nach rechts. Vom Parkplatz folgen wir dem asphaltierten, ansteigenden Weg, der weiter oben in einen Forstweg übergeht und steiler wird.

Oben angekommen trifft der Forstweg einen Weg, dem wir nach links folgen. Hier ist das Ausflugslokal **Herrenrest** ausgeschildert.

Oberhalb der Bundesstraße erreichen wir den **Ahornweg** und biegen nicht zum Ausflugslokal **Herrenrest** ab, sondern gehen kurz rechts und dann wieder rechts auf die **Alte Heerstraße**.

An der Ausschilderung **Dörenberg/Kammweg** biegen wir rechts ab, steigen aber nicht zum **Dörenberg** hoch, sondern gehen geradeaus zum Kamm hinauf.

Wir passieren einen **Funkturm** gehen geradeaus, passieren eine Wanderwegekreuzung und nehmen den folgenden Abzweig nach links, der uns steil hinunter in Richtung **Iburger Straße/Parkplatz** führt.

Auf dem Asphalt angekommen gehen wir rechts und kurz darauf links in den Wald.

Diesen verlassen wir aber gleich wieder nach links, nehmen den folgenden Abzweig nach rechts und erreichen die Straße **Achter de Welt**. Hier gehen wir rechts.

Am Haus Nr. 3 gehen wir rechts und dann wieder links bis zum nächsten Abzweig. Hier gehen wir links ansteigend.

Wir erreichen den TERRA.track **Achter de Welt**, gehen rechts und am nächsten Abzweig links auf schmalen Pfaden in Richtung **Baumannskollen** zunächst bergab.

Wir folgen der Ausschilderung **Ahornweg** und gehen rechts hinauf am **Baumannskollen** vorbei zu einer Schutzhütte.

An der **Schutzhütte** gehen wir links weiter auf dem **Ahornweg**, der uns zunächst zum **Varusturm** und anschließend zum Ausgangspunkt der Wanderung führt.

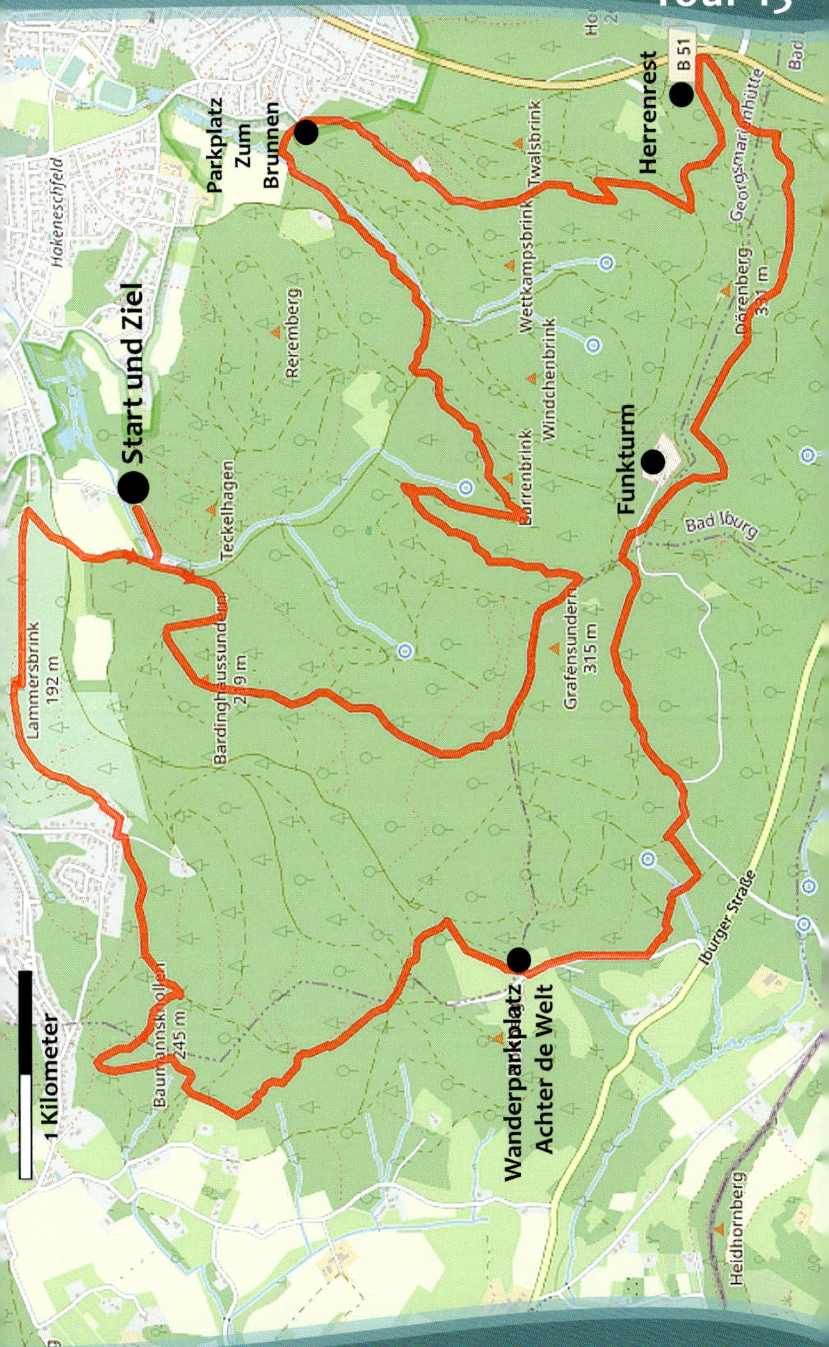
Start und Ziel
Parkplatz Zum Brunnen
Herrenrest
Funkturm
Wanderparkplatz Achter de Welt
1 Kilometer
B 51
Hokeneschfeld
Reremberg
Teckelhagen
Barringhausundern 239 m
Lammersbrink 192 m
Baumannsknollen 245 m
Grafensundern 315 m
Twalsbrink
Wettkampsbrink
Windchenbrink
Dörenberg 331 m
Georgsmarienhütte
Bad Iburg
Iburger Straße
Heidhornberg

Rund um Schledehausen

Start/Zielpunkt	Wanderparkplatz an der Schelenburg, Schledehausen
Länge	15 km
Dauer	4 1/4 Stunden
Erreichbarkeit	Bus 393, ab OS Neumarkt - Haltestelle Schelenburg
Anforderungen	270 Hm, moderate Wanderung mit leichter Steigungen
Einkehr	in Schledehausen: Eiscafe Da Gianni und Hünerbein´s Posthotel

Höhenprofil

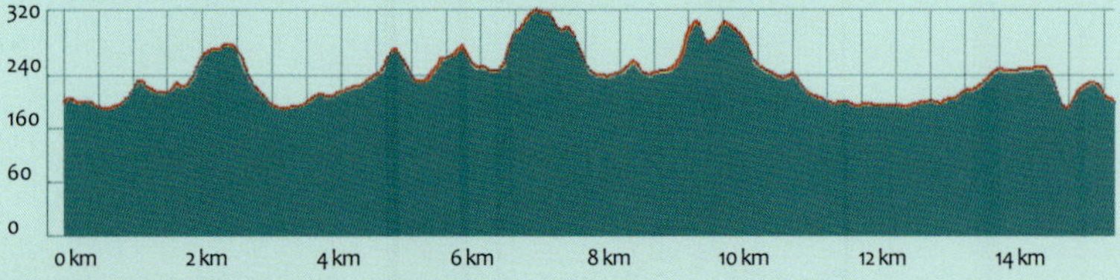

Wanderbeschreibung

Vom Parkplatz zur **Schelenburg** und an der Brücke geht es über den Wassergraben geradeaus zu Wirtschaftsgebäuden und weiter geradeaus zu einer Kreuzung.

Ab hier folgen wir dem **B**. An der 1. Kreuzung geht es rechts in Richtung Wald und am Waldrand links. Nach ca. 800 m rechts ab in den Wald gehen. Wir erreichen eine Wegekreuzung mit Findlingen. Kurz darauf folgt eine Rechts-links Kombination über das Feld.

An der folgenden Kreuzung sind Radwege ausgeschildert und wir gehen zunächst rechts an einem Hof vorbei und biegen dann, nach dem zugehörigen Teich, links aufs Feld ab.

Nach 100 m den ersten Abzweig rechts nehmen und geradeaus über die **Belmer Straße** bis zur Straße **Am Hehenkamp** gehen, auch **R1**.

Hier geht es links am Anwesen vorbei. Am Waldrand rechts jetzt auch dem **Diva-Walk** folgen. Nach 300 m erreichen wir ein wohl aus der Jungsteinzeit stammendes **Großsteingrab** (Alter ca. 5000 Jahre).

Wir kehren zum Burgenweg **B** zurück und umrunden ein Feld am Waldrand.

An der folgenden Kreuzung geht es rechts ab und nach ca. 300 m, am zweiten Abzweig bei einer Baumgruppe, gehen wir links hinauf über die Erhebung **Dingelrott**.

An der folgenden Straße geht es rechts bergab. Wir verlassen den Wald und biegen vor einem Reitplatz links in den **Stangenweg**.

An einem Gehöft erreichen wir die **Ostercappelner Straße**, gehen kurz links und dann rechts in den Feldweg.

An der folgenden Kreuzung geht es geradeaus auf dem **Heerweg** den Hügel hinauf.

Am Haus **Heerweg 10** gehen wir vorbei, nehmen den nächsten Abzweig rechts in den **Lausiekweg** und verlassen die Markierung **B**.

Am ersten Abzweig geht es rechts, dann geradeaus unter der Hochspannungsleitung hindurch geradeaus zum **Buerscher Weg**. Hier gehen wir links und nach 200 m rechts in den **Teichweg.**

Am **Teichhausweg** vorbei geht es bis zur Brücke über die Wierau und dann rechts am Bach entlang bis zum Ortsrand von Schledehausen.

Nach dem Klärwerk geht es links zu den Häusern und schräg links dem Weg am Graben zwischen den Gärten folgen.

Wir passieren einige querende Wege, folgen dem Graben nach links, kreuzen den **Leviner Ring** 2 Mal und gelangen geradeaus zur **Meyerhofstraße**.

Hier geht es links, dann rechts in die **Bad Essener Straße** und kurz darauf links in den **Skulpturenpark.**

Wir halten uns rechts, gelangen wieder zur **Bad Essener Straße** und gehen links zur **St. Laurentius-Kirche**.

Hier gehen wir durch den Kurgarten und folgen kurz der Ausschilderung **Nr. 6** nach rechts, dann der Straße **Am Kurgarten,** hier Markierung **+**.

Es geht geradeaus zur Kreuzung der **Bergstraße/Im Freudental**. Dann folgen wir kurz der Straße **Im Freudental**, nehmen die ersten Abzweigung rechts **Am Bredberg,** erst hinauf und dann hinab zur alten Mühle und passieren das **Freibad.**

Wir überqueren abermals die **Wierau** und gehen rechts. Ein schmaler Pfad führt zunächst am Bach entlang, dann auf der Fußgängerbrücke hinüber und noch einmal über den Ablauf des Schlossgrabens zum Parkplatz zurück.

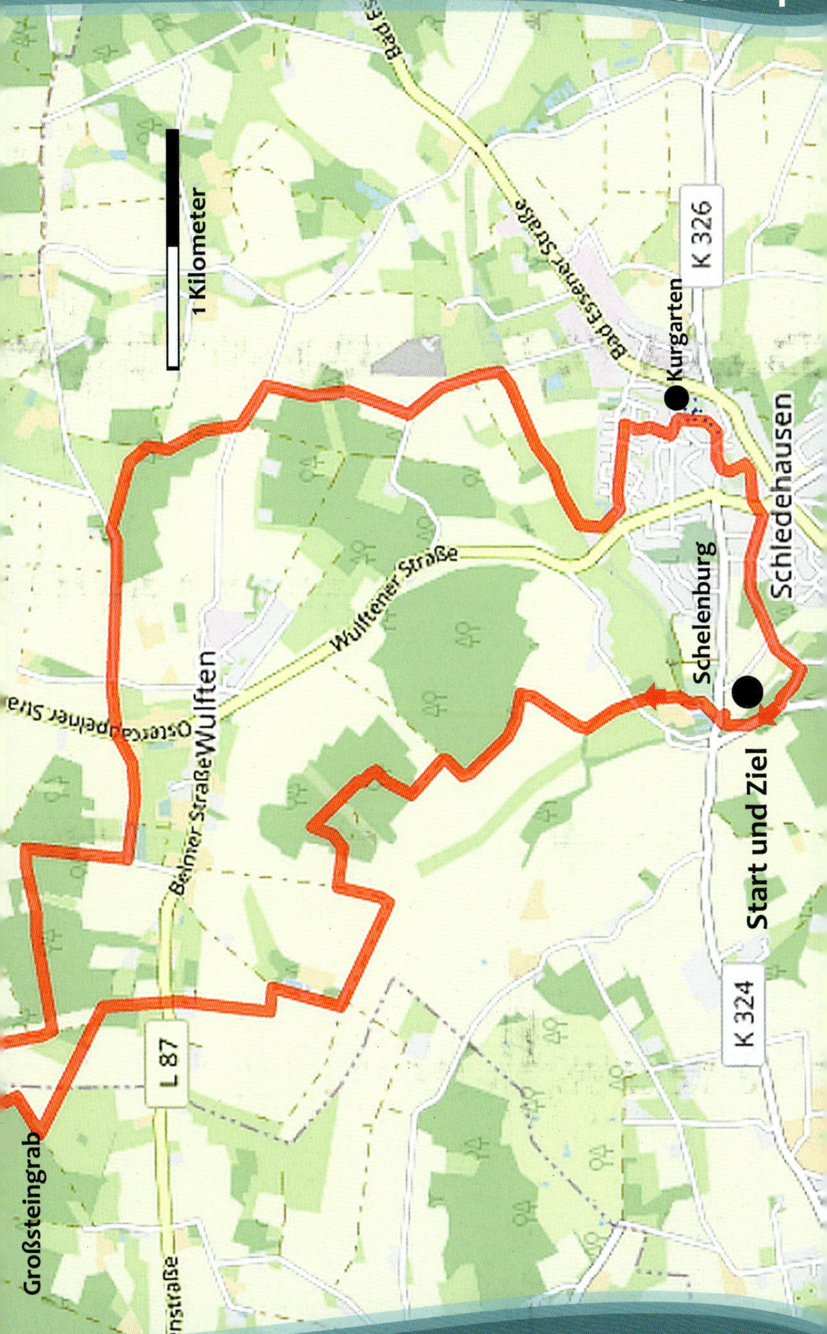
1 Kilometer
Bad Essener Straße
K 326
Kurgarten
Schledehausen
Schelenburg
Start und Ziel
K 324
Wulftener Straße
Wulften
Ostercappelner Stra
Belmer Straße
L 87
Großsteingrab

Zittertal und Holter Burg

Start/Zielpunkt	Wanderparkplatz an der Holter Burg, Holte bei Bissendorf
Länge	17,9 km
Dauer	5 Stunden
Erreichbarkeit	Bus 13, ab OS Neumarkt - Haltestelle Holter Burg
Anforderungen	270 Hm, moderate Wanderung mit leichte Steigungen
Einkehr	Gasthof Zittertal, www.zittertal.de

Höhenprofil

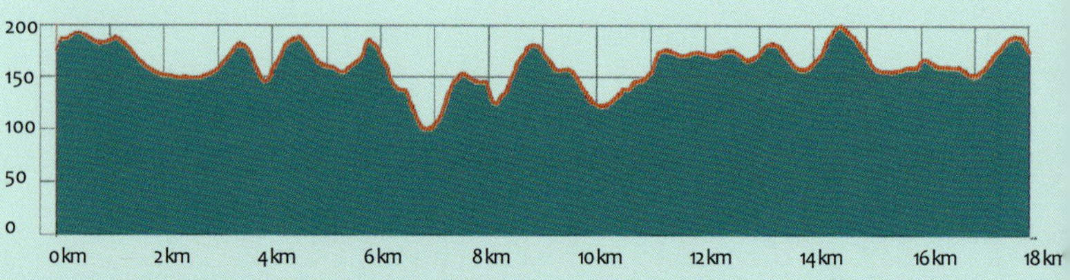

Wanderbeschreibung

Wir starten vom Wanderparkplatz in Richtung **Burg**, umrunden die **Burgruine** im Uhrzeigersinn, gehen einen schmalen Weg nach links und anschließend durch den Hohlweg nach rechts.

Nachdem die Umrundung abgeschlossen ist, gehen wir zum **Andachtsplatz**, dort nach links und folgen der Ausschilderung des TERRA.tracks **Holter Berg** nun für ca. 2 km.

Dabei passieren wir einen Bauernhof und ein Anwesen und gehen in einen Nadelwald hinein.

Der TERRA.track zweigt nach rechts ab und wir folgen der Ausschilderung **G** und **Kreis** nach links ansteigend.

An der folgenden Wegkreuzung biegen wir links ab und folgen nun der Ausschilderung TERRA.track **Holter Berg** für ca. 2,8 km.

Dabei geht es sanft abwärts zum **Nemdener Kirchweg**, an dem die **„Drei-Brüder-Steine“** stehen, dann weiter parallel zur A30 durch den Wald.

Der TERRA.track zweigt rechtwinklig nach links ab und steigt steil an. Auf der Hälfte der Steigung biegen wir rechts ab und folgen der Ausschilderung **3** und **Quadrat**. Wir gehen parallel zum Waldrand und erreichen den Ortsteil **Holte Sünsbeck**.

Hier überqueren wir die Landstraße, gehen rechts bis zur Bushaltestelle und biegen direkt davor links in den **Jagdweg** ab.

Der Feldweg führt zum Waldrand mit Bank. Hier gehen wir nun rechts weiter ohne Markierung.

Der Pfad ist gut zu erkennen und führt hinab zur **Georgsmarienhütter Straße**. Diese überqueren wir und gehen die gegenüberliegende Straße **Strügelheide** hinauf bis zum Waldrand.

Hier biegen wir rechts ab und folgen dem Wanderzeichen **3**. Kurz darauf stoßen wir auf den TERRA.track **Zittertal** und folgen diesem bis zum Gasthof **Zittertal** (ca. 4,2 km).

Der Weg führt uns teils auf asphaltierten Wegen und teils durch den Wald. Am Gasthof überqueren wir den Hof, gehen durch ein Tor auf der linken Seite und dann rechts den Pfad hinauf zum **Uphauser Schulweg.**

Hier gehen wir links, überqueren erneut die **Georgsmarienhütter Straße** und bleiben nun für 1,8 km auf dem **Höhenweg.** Die Straße ist nur wenig befahren und bietet tolle Ausblicke ins Osnabrücker Land.

Nachdem wir die Hinweistafeln „**Ploghof**“ und „**Kronsundern**“ passiert haben zweigt der **Sunderholzweg** links ab und wir nehmen kurz darauf den Waldweg nach links, nun mit dem Wanderzeichen **Kleeblatt**.

Der Weg windet sich durch den Wald hinab zu einem Bauernhof mit wachsamen Hunden, erreicht schließlich die **Borgloher Straße** und führt auf der gegenüberliegenden Straßenseite rechts hinauf zur **Burg Holte**. Von hier folgen wir dem bekannten Weg hinab zum Ausgangspunkt der Wanderung.

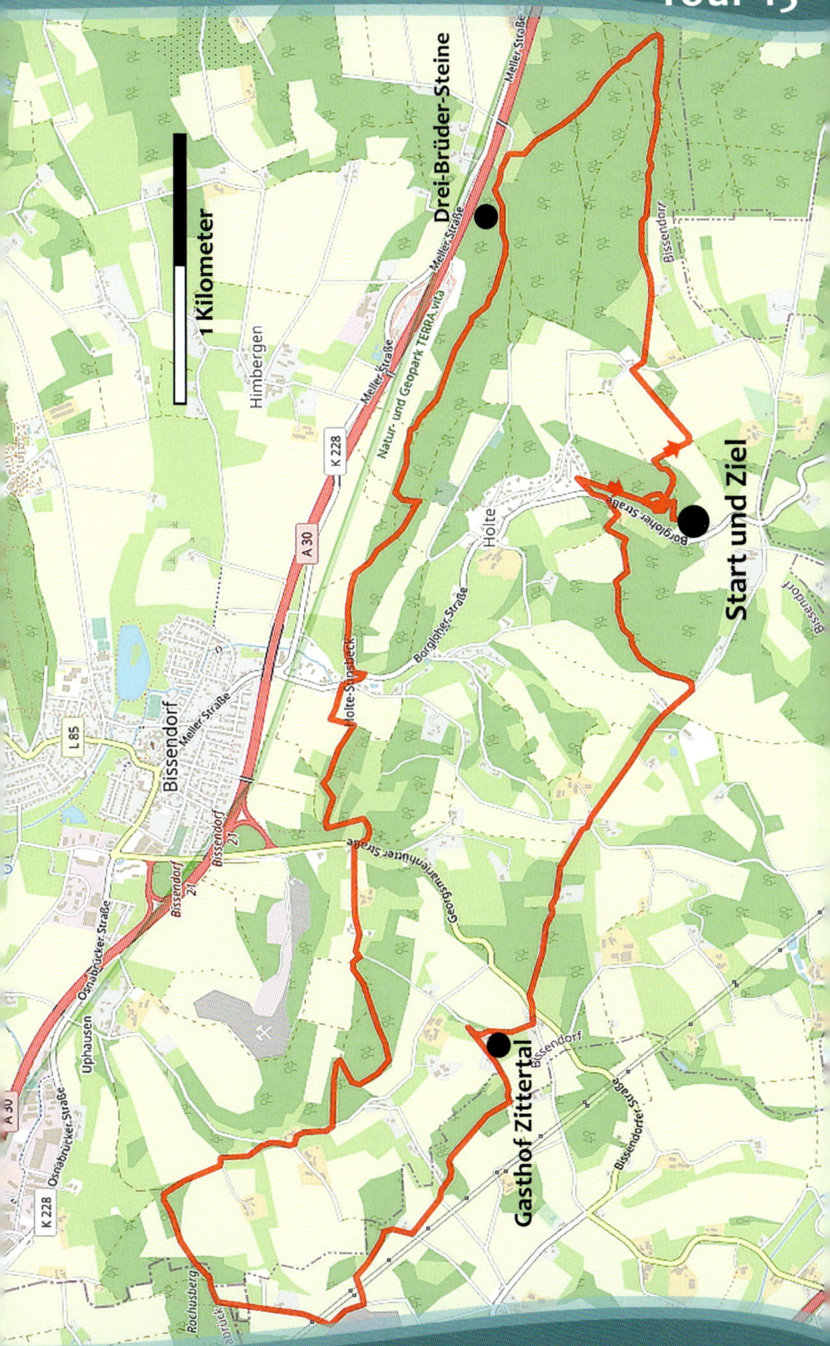

Drei-Brüder-Steine
Start und Ziel
Gasthof Zittertal
1 Kilometer
Bissendorf
Holte
Himbergen
Uphausen
Meller Straße
Borgloher Straße
Holte-Sünsbeck
Georgsmarienhütter Straße
Osnabrücker Straße
Bissendorfer Straße
Natur- und Geopark TERRA.vita
Rochusberg
A 30
K 228
L 85

Bad Essener Berg

Start/Zielpunkt	Wanderparkplatz Bad Essener Berg, Kreuzung Am Galgenbrink, Bad Essen
Länge	16,2 km
Dauer	4 1/2 Stunden
Erreichbarkeit	Bus 202, ab OS Hbf - Haltestelle Essenerberg
Anforderungen	340 Hm, moderate Wanderung mit leichter Steigungen
Einkehr	derzeit nur in Bad Essen

Höhenprofil

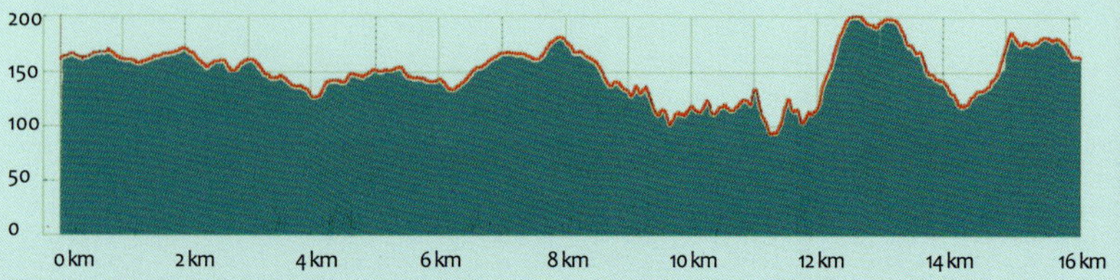

Wanderbeschreibung

Vom Parkplatz gehen wir am **Haus Sonnenwinkel** vorbei und direkt danach rechts, der Markierung **4** folgend.

Wir gehen am Waldrand entlang bis der **Diva-Walk** erreicht wird.

Auf dem **Diva-Walk** gehen wir erst rechts, dann links und folgen dem **Diva-Walk**.

Den Abzweig zur **Köhlerhütte** ignorieren wir und gehen geradeaus den **Diva-Walk** verlassend.

Nach 700 m gehen wir am dritten Abzweig rechts.

Nach 400 m erreichen wir wieder den **Diva-Walk** und gehen rechts.

An der Kreuzung ist nun der Radweg **BE2** links ausgeschildert und wir folgen diesem Weg für ca 1,5 km.

Am Schild zum **Bergwirt Pöhler** gehen wir links an Teichen vorbei bergan mit dem **weißem Punkt** (ms-Hase-Hunte-Else-Weg).

Beim ehemaligen Gasthof Bergwirt Pöhler gehen wir halb links Richtung Saurierfährten auf dem **Diva-Walk** und folgen diesem für 2,4 km. Wir kreuzen dabei die **Hustädter Straße**.

An der nächsten Kreuzung folgen wir dem **Diva-Walk** in Richtung Hüsede/Bad Essen nun am Nordhang des Wiehengebirges. Dabei queren wir die **Hustädter Straße** erneut.

Wir passieren ein Türmchen mit Bruchsteinsockel.

Kurz darauf biegen wir links auf den Bad Essener Rundweg ab (**orangener Kreis**), verlassen den **Diva-Walk** und gehen steil den 195 m hohen **Westerberg** hinauf.

Wir erreichen die Zufahrt zur ehemaligen **Raketenleitstation Wiehenhorst**, die heute ein **Jugendbegegnungszentrum** beherbergt.

Nach einem kleinen Abstecher zur Einfahrt folgen wir dem Asphaltweg in Serpentinen hinab in die Schlucht bis zur Wanderhütte **Herman-Otto-Hütte** mit einem kleinem Teich.

Wir folgen dem zweiten Abzweig links einem kleinen Bach folgend bergan.

In einer Rechtskehre verlassen wir die Forststraße und folgen dem Pfad steil bergan.

An der nächsten Kreuzung gehen wir links Richtung **Kammweg/Großer Stern**.

Wir gehen weiter Richtung **Berghaus/Wittekindsweg**.

Auf dem **Wittekindsweg** gehen wir rechts und erreichen unseren Ausgangspunkt.

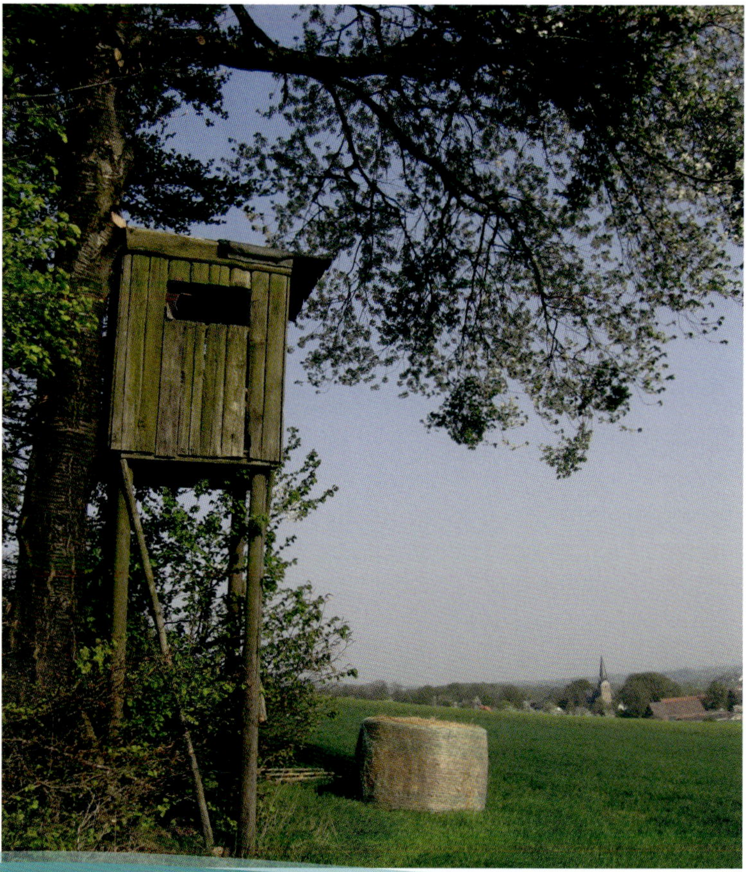

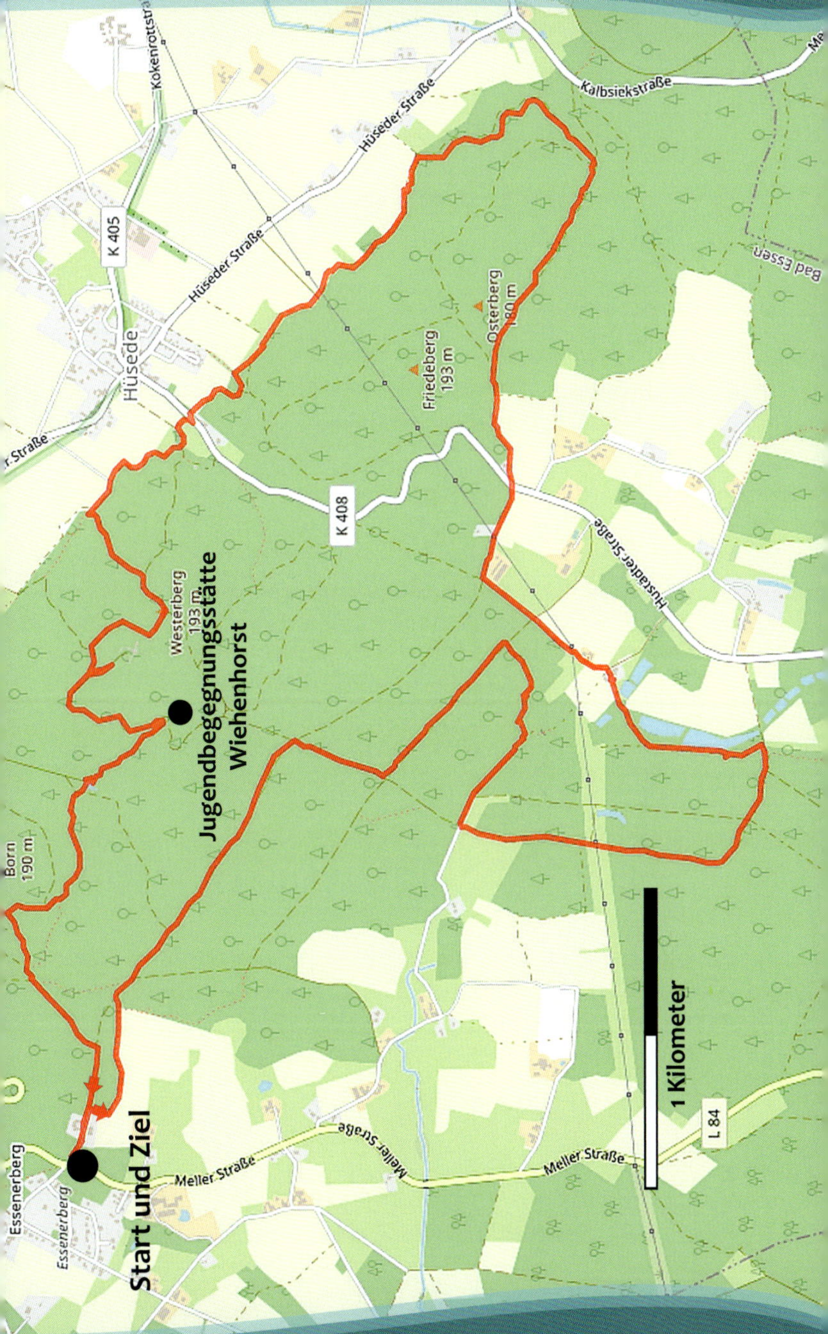
Start und Ziel
Jugendbegegnungsstätte Wiehenhorst
1 Kilometer
Hüsede
K 405
K 408
L 84
Hüseder Straße
Kalbsiekstraße
Meller Straße
Hustädter Straße
Westerberg 193 m
Friedeberg 193 m
Osterberg 180 m
Born 190 m
Essenerberg
Bad Essen

Linner Berg und Kellenberg

Start/Zielpunkt	Parkplatz Hüseder Straße, Bad Essen Hüsede
Länge	20 km
Dauer	5 3/4 Stunden
Erreichbarkeit	leider mit ÖPNV nicht gut erreichbar
Anforderungen	700 Hm, anspruchsvolle Wanderung mit einigen Steigungen
Einkehr	Saurierwirt in Barkhausen

Höhenprofil

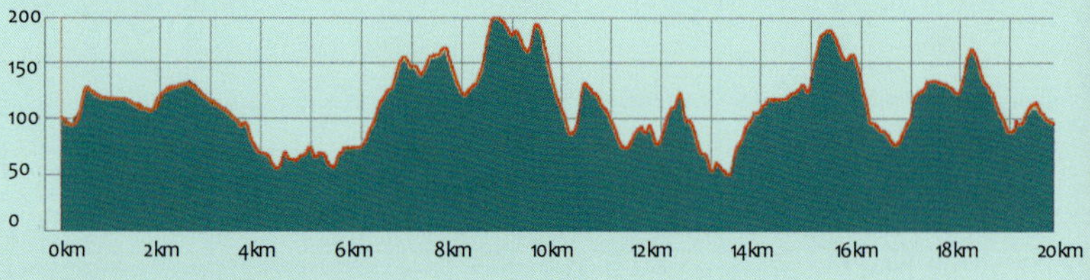

Wanderbeschreibung

Vom Parkplatz folgen wir der **Hüseder Straße** nach rechts bis wir auf die Ausschilderung **DiVa-Walk** treffen und folgen dieser nun für gut 5 km.

Dabei laufen wir zunächst am Südhang des **Wiehengebirges** entlang und kommen zu einer Kreuzung, an der der **DiVa-Walk** in drei Richtungen ausgeschildert ist.

Wir gehen links zur **Kalkrieser Straße** hinunter und queren diese.

Wir ignorieren den Abzweig der **Saurier-Tour**, bleiben am Waldrand, folgen dem **DiVa-Walk** hinunter zur **Linnerheide** und dann weiter nach rechts.

Von links kommt die Straße **Im Hockenbruch**. Wir gehen weiter geradeaus, verlassen den **DiVa-Walk** nach 300 m nach links hinunter und gehen dann scharf links zur **Hunte**, die hier nun ein kleiner Bach ist.

Wir queren die **Hunte** und erreichen **Barkhausen**.

Wir gehen zwischen dem Gasthof **Saurierwirt** und der **Kirche** hindurch.

Der Weg (Wittekindsweg Nordvariante) ist mit einem auf dem Kopf stehenden **T** gekennzeichnet.

Dieser Ausschilderung folgen wir für 4 km und passieren dabei die **Hartmannhütte**.

Bei der Ausschilderung **Fliegerquellen/Saurierfährte** verlassen wir den **Wittekindsweg**, biegen rechts ab, folgen dem **A5** und einem Bach bis zu einem Wanderparkplatz.

Hier verlassen wir den **A5**, queren die Straße **Im Glanetal**, folgen dem kleinen Pfad, queren einen Bach, erreichen den TERRA.track **Kellenberg** und gehen rechts.

Wir erreichen den Wanderparkplatz an den **Saurierspuren** und schauen uns das Naturwunder an, bevor wir der Ausschilderung **Linner Berg/10** nun nach rechts folgen.

Dieser Weg trifft wieder auf den **DiVa-Walk** und wir folgen diesem nach links.

Wir queren die **Kalkrieser Straße** erneut und kommen zu der schon vom Hinweg bekannten

3er-Kreuzung. Wir folgen keiner der Ausschilderungen und gehen rechts bergan.

Den ersten Abzweig ignorieren wir und gehen weiter geradeaus.

An einem Ansitz erreichen wir einen Forstweg und gehen rechts.

In einer Linkskurve biegen wir auf den abwärts führenden Forstweg rechts ab.

Der folgende Abzweig ist mit einem kleinen **roten Pfeil** markiert, wir gehen links und erreichen nach wenigen Metern den **DiVa-Walk**.

Wir folgen diesem nach links zurück zum Ausgangspunkt.

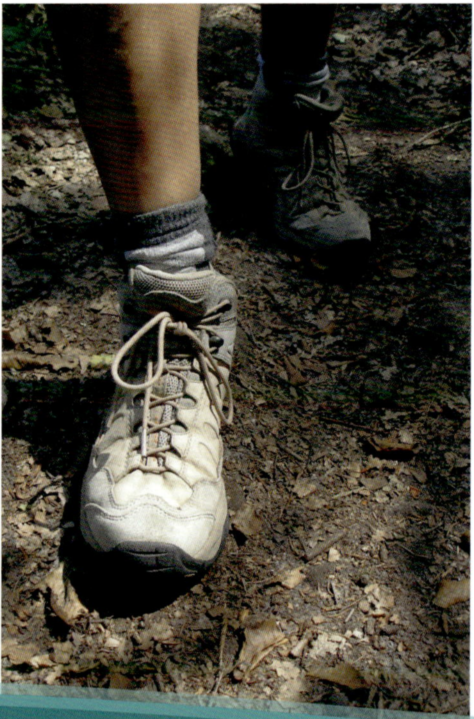

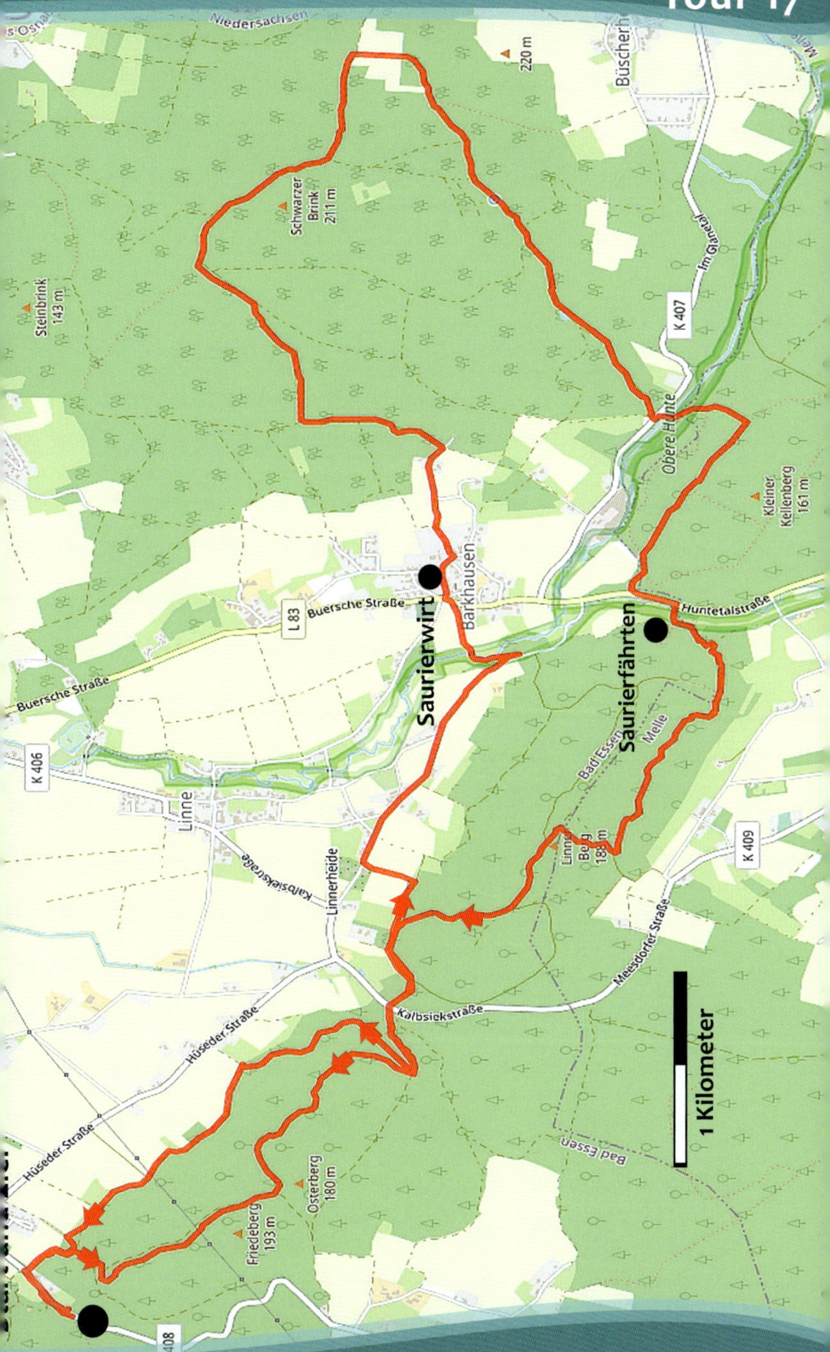
Niedersachsen
Schwarzer Brink 211 m
Steinbrink 143 m
220 m
K 407
Obere Hunte
Kleiner Kellenberg 161 m
Barkhausen
Saurierwirt
Buersche Straße
L 83
Huntetalstraße
Saurierfährten
Bad Essen
Melle
Linner Berg 188 m
K 409
K 406
Linne
Kalbsiekstraße
Linnerheide
Meesdorfer Straße
Hüseder Straße
Osterberg 180 m
Friedeberg 193 m
408
1 Kilometer

Nettetal und Gattberg

Start/Zielpunkt	Wanderparkplatz Knollmeyers Mühle, Nettetal, Wallenhorst
Länge	13,5 km
Dauer	4 Stunden
Erreichbarkeit	leider mit ÖPNV nicht gut erreichbar
Anforderungen	285 Hm, moderate Wanderung mit leichten Steigungen
Einkehr	Gaststätte Knollmeyers Mühle

Höhenprofil

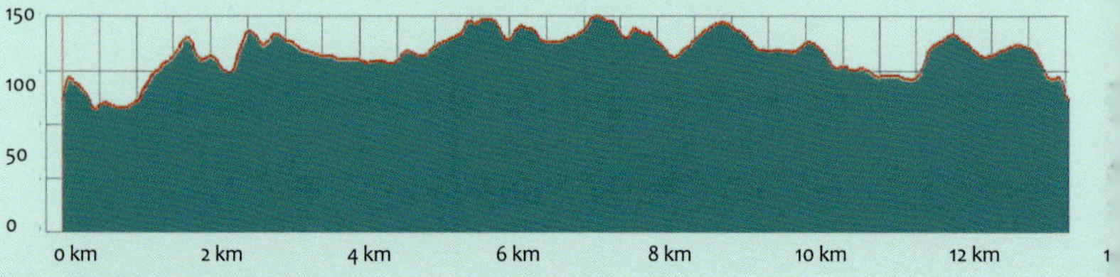

Wanderbeschreibung

Wir starten unsere Wanderung gegenüber der Gaststätte **Knollmeyer** und folgen der Ausschilderung **M**.

Es geht hinunter zur Straße **Im Nettetal** und dann rechts in die Straße **Anne Wiewellen.**

Nach 500 m gehen wir links in die **Stiegte**, folgen dieser bis zum Abzweig **Stiegte 13** und gehen rechts.

Wir passieren die Grundstückseinfahrt, gehen geradeaus und dann rechts, leicht ansteigend auf ein Wäldchen zu.

Wir passieren ein Feld mit Blick auf die Windräder auf dem **Piesberg** und gehen am Ende auf dem Waldweg links.

Dieser Waldweg geht in die Straße **Am Roten Hügel** über. Wir kreuzen die Straße **Hinter dem Felde** und erreichen die **Icker Landstraße** bei einem Holzkreuz.

Nun kurz links und gleich wieder rechts auf den Feldweg gehen. Hinter dem Sportplatz biegen wir links in Richtung Siedlung ab und gehen dann rechts auf dem **Icker Kirchweg** bis zum Ortsausgangsschild.

Hier gehen wir links und gleich wieder rechts.

Wir durchqueren ein kleines Wäldchen, erreichen den **Power Weg**, gehen rechts und nach 100 m wieder links in den **Talkamp**.

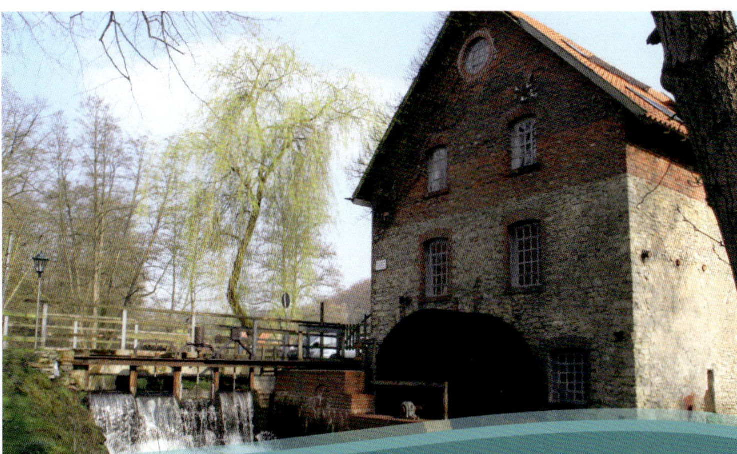

Am Warnschild gehen wir rechts am Waldrand entlang bis zur Straße.

Hier gehen wir rechts und folgen der Ausschilderung M nun für einige Zeit.

Der M führt uns nach links in das Gebiet der Findlinge, dem **Steinernen Meer**.

Wir erreichen den TERRA.track Gattberg und folgen diesem nach rechts bis zum Wanderparkplatz **Gattberg**.

Wir bleiben auf dem TERRA.track bis dieser auf den DiVa Walk trifft und folgen nun dieser Ausschilderung nach rechts.

Wir überqueren die Straße, gehen kurz links und dann rechts. Nachdem wir den **Power Weg** erneut gekreuzt haben, erreichen wir das Gebiet der **Bramheide** und folgen dem DiVa Walk nach rechts um ein Feld herum.

Anschließend geht es in mehreren Wendungen durch ein Wäldchen, bis wir die Straße **Bramheide** kreuzen.

Wir folgen den Ausschilderungen mehrerer Wanderwege, passieren die **Wittekindsburg**, biegen noch einmal scharf links ab und erreichen den Ausgangspunkt unserer Wanderung.

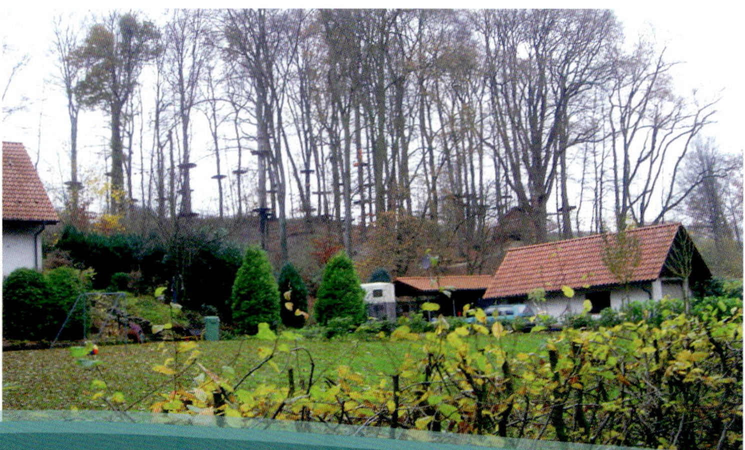

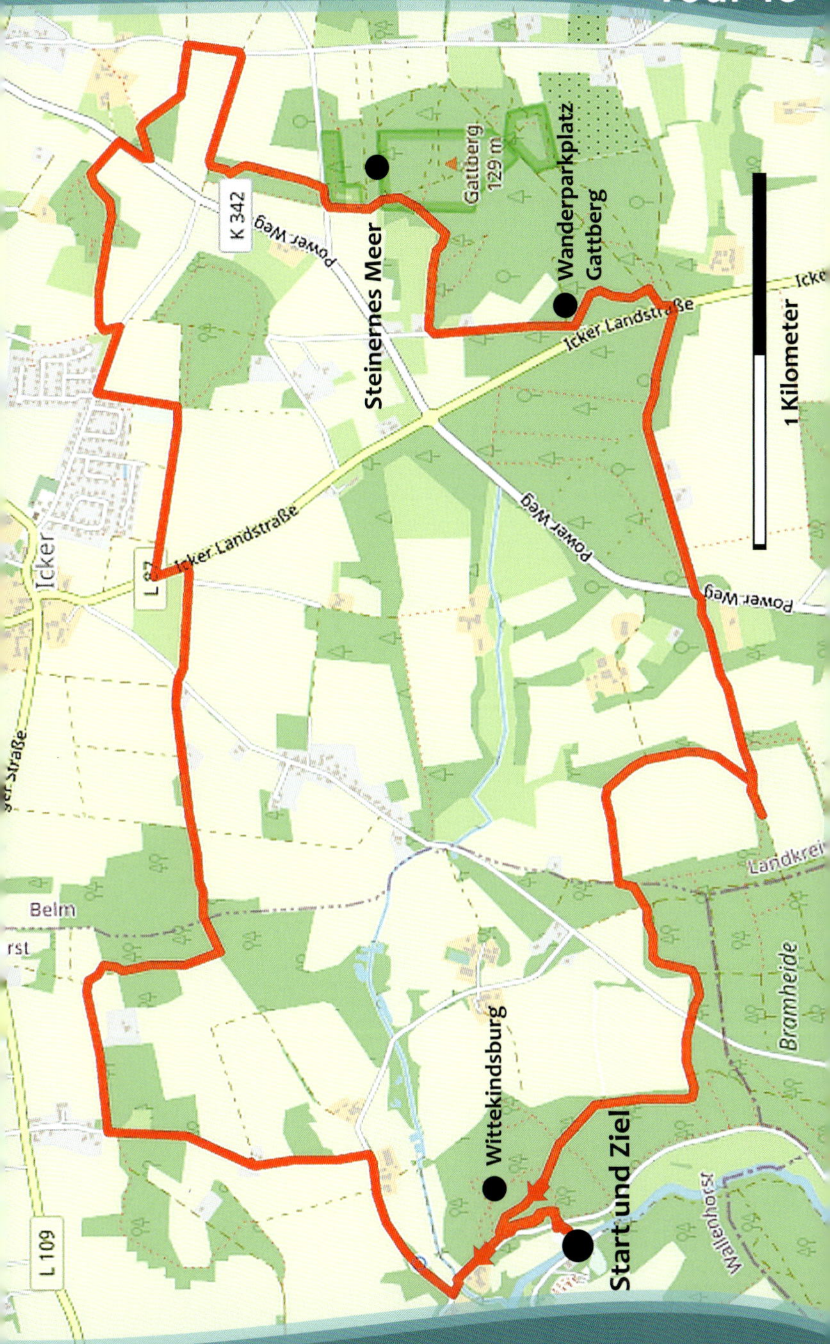
Steinernes Meer
Gattberg
129 m
Wanderparkplatz
Gattberg
K 342
Power Weg
Icker Landstraße
Icker
L 87
1 Kilometer
Belm
Wittekindsburg
Start und Ziel
Bramheide
Wallenhorst
L 109

Piesberg mit Stichkanal und Hase

Start/Zielpunkt	Parkplatz MIK - Museum für Industriekultur Fürstenauer Weg 171, Osnabrück
Länge	13 km
Dauer	3 3/4 Stunden
Erreichbarkeit	Bus 18 ab OS - Neumarkt
Anforderungen	260 Hm, moderate Wanderung mit kurzen Steigungen und flachen Abschnitten
Einkehr	Café MIK, Freitag bis Sonntag 11 - 18 Uhr

Höhenprofil

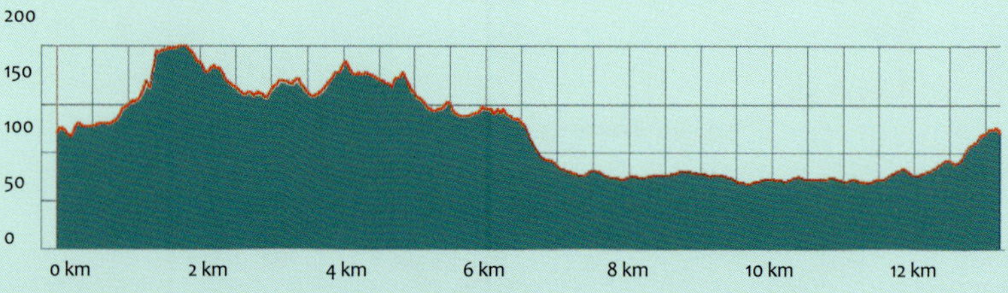

Wanderbeschreibung

Vom Parkplatz gehen wir zum Gebäude **Museum Industriekultur** hoch, folgen dem ausgeschilderten **Rundweg** zur Fußgängerbrücke und überqueren die Landstraße. Wir passieren den Bahnhof der **Feldbahn** und folgen dem **Rundweg** in Richtung **Aussichtspunkt**.

Am **Südstieg** steigen wir die beiden steilen Treppen zum **Aussichtspunkt** hinauf. Auf dem Plateau steht ein Windrad und von der Aussichtsplattform haben wir einen eindrucksvollen Blick in den Steinbruch.

Auf dem **Rundweg** passieren wir einige Hinweistafeln und das Kompostierwerk der Stadtwerke Osnabrück und können für den Abstieg zwischen einem Treppenweg und einem Pfad wählen.

Wenn wir dem Pfad folgen, gehen wir unten angekommen nach links und treffen wieder auf den **Rundweg**.

Hier gehen wir rechts hinunter, der Ausschilderung **Mammutbaum** folgend. Dieser bringt uns zum **Arboretum**. Neben dem sehr eindrucksvollen Mammutbaum, der mit fast 43 m höher als das Stadthaus ist, finden wir hier zahlreiche weitere heimische Gehölze, die hier seit Mitte des 19. Jahrhunderts gepflanzt wurden.

Nach dem Abstecher gehen wir wieder hinauf zum **Rundweg** und setzen unsere Wanderung fort.

Kurz darauf passieren wir den **Bikepark**, gehen in einer Spitzkehre links zu einer weiteren **Aussichtsplattform**, folgen dem **Rundweg** weiter und passieren ein Ziegengehege. Die Tiere werden hier auch für die Landschaftspflege eingesetzt.

Kurz darauf gehen wir links an den **Johannissteinen** vorbei und folgen dann weiter dem **Rundweg** nach links.

Am **Aussichtspunkt Nord** können wir die Wendeltreppe nehmen oder dem Pfad am Steinbruch entlang hinab folgen. Kurz darauf erreichen wir wieder die **Feldbahn**, kreuzen die Gleise, ignorieren den Abzweig zum **Stüveschacht** und folgen dem Pfad nach links. Über abenteuerliche Natursteintreppen geht es bergab und in einem Bogen wieder zur **Feldbahn**.

Wir nehmen den unterhalb der **Feldbahn** verlaufenden Pfad, der auch parallel zur **Lechtinger Straße** verläuft. Der Weg führt um die Wasserversorgung Wallenhorst herum wieder zur **Feldbahn**.

Hinter den Gleisen geht es links zu einem weiteren **Aussichtspunkt** hinauf und anschließend an der **Feldbahn** entlang zum **Fürstenauer Weg**.

Hier geht es kurz links und auf der gegenüberliegenden Straßenseite in den **Schwarzen Weg**.

Hier beginnt **Teil 2** dieser Wanderung, der aber auch separat gegangen werden kann.

Wir gehen den **Schwarzen Weg** herunter, überqueren den **Süberweg**, gehen links und biegen in die **Glückaufstraße** ein. Direkt vor der Kanalbrücke nehmen wir den schmalen Pfad zum Kanal hinunter.

Nun geht es rechts am Kanal entlang bis zur zweiten **Brücke**, auf der wir den Kanal überqueren und links auf dem oberen Weg gehen.

Kurz darauf rechts und über die hölzerne Brücke über die **Hase** und sofort links auf den kleinen Pfad, dem wir der Hase entlang folgen.

Wir erreichen die Straße **Die Eversburg** und überqueren die Hase und dann den Kanal.

Nun gehen wir zum Kanal hinunter und auf dem bekannten Weg bis zum **Schwarzen Weg** zurück, überqueren die vor uns liegende **Brücke**, folgen der Ausschilderung zum **Museum Industriekultur** und gelangen zum Ausgangspunkt.

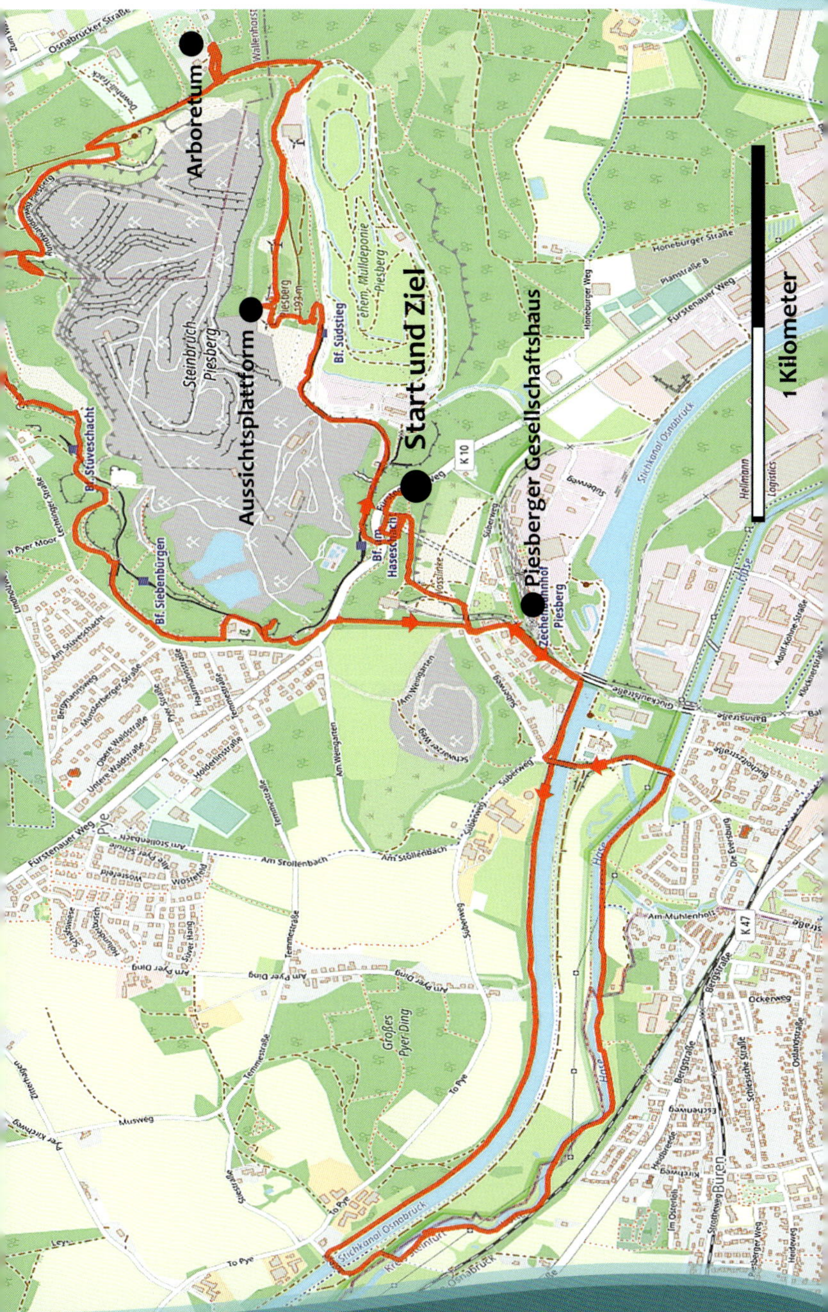
Arboretum
Aussichtsplattform
Start und Ziel
Piesberger Gesellschaftshaus
Steinbruch Piesberg
1 Kilometer

Gertrudenberg und Nettetal

Start/Zielpunkt	Parkplatz Am Bürgerpark Süntelstraße, Osnabrück
Länge	18,4 km
Dauer	5 1/4 Stunden
Erreichbarkeit	Bus M5 ab OS - Neumarkt
Anforderungen	270 Hm, moderate Wanderung mit kurzen Steigungen und flachen Abschnitten
Einkehr	Forellenhof im Nettetal www.forellenhofnettetal.de

Höhenprofil

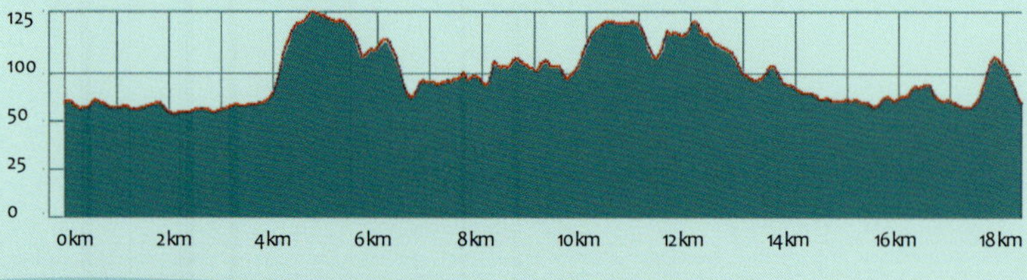

Wanderbeschreibung

Vom Parkplatz folgen wir bis auf Weiteres dem **Hünenweg** (blaues L auf gelbem Grund). Wir überqueren die Straße an einer Haltestelle und betreten den **Hasefriedhof.**

Der **Hünenweg** biegt nach rechts, wir gehen geradeaus und folgen der rot-weißen Markierung des **E11**.

Nachdem wir die **Kornstraße** überquert haben geht es durch einen Park zur **Vehrter Landstraße.** Erst links, dann vor der Brücke rechts gehen wir weiter mit der **rot-weißen** Markierung, parallel zur **Nette** und an der Rückseite des **Klosters St. Angela** bis zum Stau der **Nette**.

Am Ende des **Freibadgeländes** links über die Brücke zur **Haneschstraße**, über die **Nette** und auf dem Pfad gegenüber zum **Östringer Weg**.

Diesen überqueren wir, gehen links zur **Sassnitzer Straße** und folgen dieser nach rechts. Wir passieren die Grundschule, gehen rechts und dann links um den **Bolzplatz** herum, bis wir auf einige Trimmgeräte stoßen.

Hier links, dann rechts in den **Ruller Weg** und über die Straße **In den Bleeken** auf den gegenüberliegenden Fußweg. Diesem folgen wir nach rechts ansteigend in den Wald.

Der Weg entpuppt sich als **Kreuzweg.** Am ersten Abzweig verlassen wir den **Kreuzweg** und folgen dem Wanderweg nun mit **M**, **Kreis** und **Plus** markiert.

Wir überqueren den **Ruller Weg** und gehen geradeaus. Der **M**-Weg zweigt nach links ab, wir folgen dem **Kreis** zunächst geradeaus, dann nach links bis zur Straße.

Hier rechts an einer **Therapieeinrichtung** vorbei zum **Forellenhof Nettetal**. Dort links am Ufer der **Nette** entlang zur **Knollmeyers Mühle**.

An der Mühle überqueren wir die **Nette**, dann die Straße, gehen kurz bergauf, verlassen die Ausschilderung und nehmen den ersten Abzweig nach rechts, parallel zur unterhalb verlaufenden Straße.

Diesem schmalen Pfad folgen wir immer oberhalb der Straße bis er unweit des **Wanderparkplatzes Bramheide** auf die Straße trifft.

Wir gehen zum **Wanderparkplatz**, überqueren diesen und nehmen nach einer kurzen Steigung den zweiten Abzweig rechts. Nach ca. 350 m geht es rechts und gleich wieder links. Kurz darauf verlassen wir den M-Weg und gehen geradeaus zur **Vehrter Landstraße** hinauf. Dieser kurz nach rechts folgen und dann gehen wir vor dem ersten Haus links hinauf.

Wir passieren einen historischen **Grenzstein** zwischen den Gemeinden **Haste** und **Schinkel**, gehen erst geradeaus und nehmen den ersten Abzweig rechts in Richtung **Am Zuschlag**.

Wir überqueren den **Icker Weg**, gehen geradeaus am **Friedhof** entlang und an dessen Ende links.

Nachdem wir **Haus Gartlage** und den **Hof Luhrmann**, heute Studentenwohnanlage, passiert haben, umrunden wir ein Regenrückhaltebecken.

Auf der Rückseite des **Hof Luhrman** halten wir uns links, passieren ein Wäldchen und einen Hundefreilauf, gehen weiter und dann rechts über die kleine Brücke zum **Haster Weg**.

Diesen überqueren wir und gehen geradeaus zur **Langen Wand** bis zur **Knollstraße**.

Schräg rechts gegenüber führt der Weg hinauf in den **Bürgerpark** und entlang an der Mauer der ehemaligen Kaserne am **Gertrudenberg**.

Vor dem Spielplatz biegen wir rechts ab und am **Gedenkstein** an die **Schlacht bei Versailles** links. Der folgende Abzweig nach rechts bringt uns vorbei am **Katharina-von-Bora-Haus** zurück zum Ausgangspunkt unserer Wanderung.

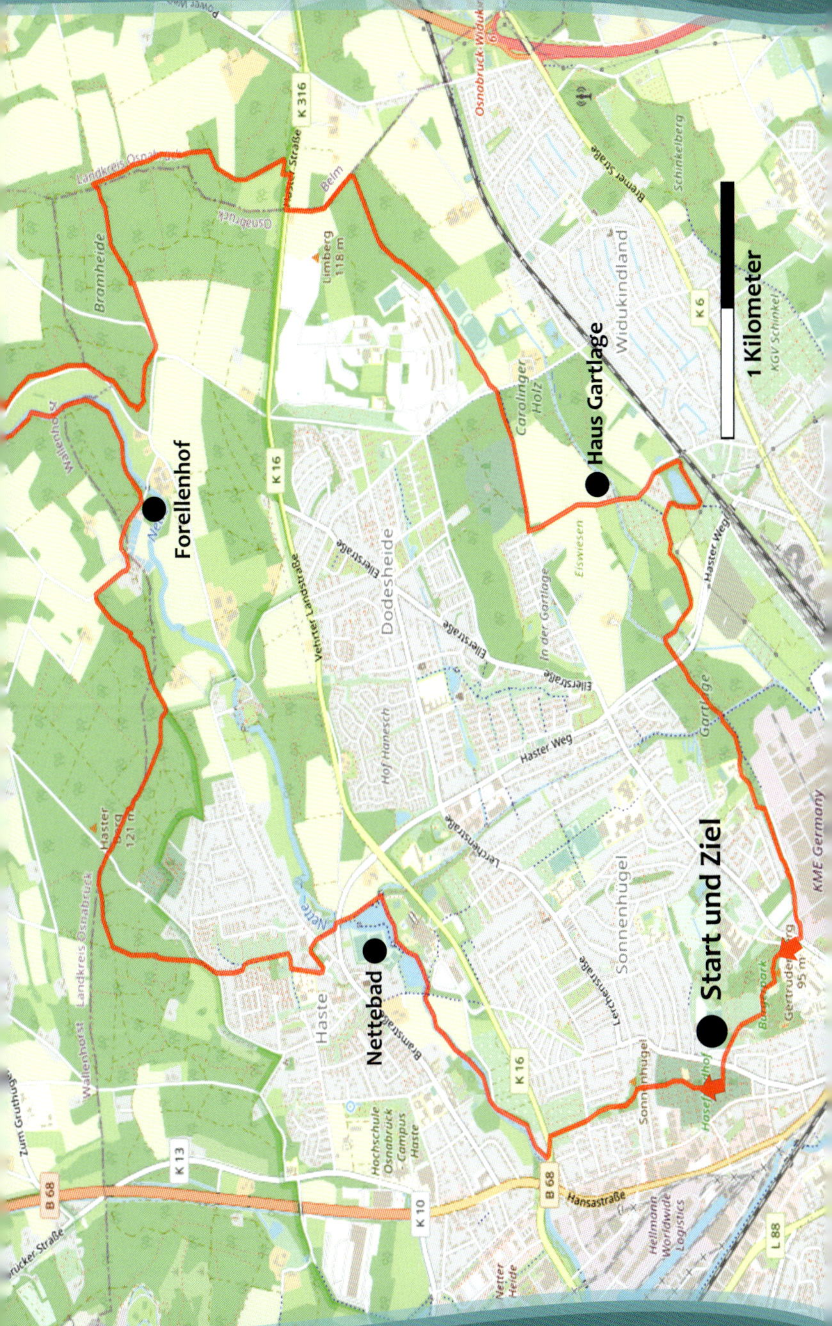
Forellenhof
Haus Gartlage
Nettebad
Start und Ziel
1 Kilometer
Bramheide
Wallenhorst
Haster Berg 121 m
Haste
Dodesheide
Widukindland
Sonnenhügel
Carolinger Holz
Eiswiesen
Limberg 118 m
Gertrudenberg 95 m
Hof Hanesch
Hochschule Osnabrück - Campus Haste
Nette
Vehrter Landstraße
Bremer Straße
Haster Weg
Ellerstraße
Lerchenstraße
Hansastraße
Bramstraße
Gartlage
In der Gartlage
Schinkelberg
KME Germany
Hellmann Worldwide Logistics
KGV Schinkel
Landkreis Osnabrück
Netter Heide
Zum Gruthügel
K 316
K 16
K 13
K 10
K 6
B 68
L 88
Belm

Durch die Emsauen

Start/Zielpunkt	**Wanderparkplatz an den Ems-Auen Up 'm Mersk 1, Emsdetten Hemberge**
Länge	**16 km**
Dauer	**4 1/2 Stunden**
Erreichbarkeit	**leider mit ÖPNV nicht gut erreichbar**
Anforderungen	**55 Hm, mittlere Länge fast ohne Steigungen**
Einkehr	**Altes Landhaus Lanvers, 1,5 km vom Ziel entfernt, www.hotel-lanvers.de**

Höhenprofil

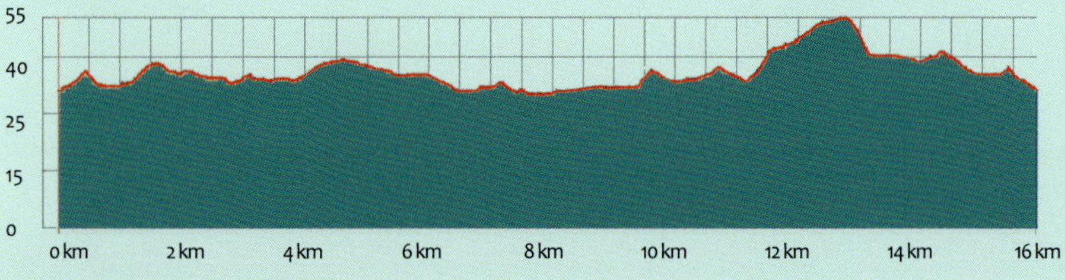

Wanderbeschreibung

Vom Parkplatz gehen wir zur Straße **Up'm Mersk**, gehen rechts die Straße hinunter und dann links in den **Saerbecker Weg**.

Nach der Rechtskurve gehen wir gegenüber vom Bauernhof links (1 km, **Saerbecker Weg 35**).

Die Abzweige erst nach links und dann nach rechts ignorieren wir, überqueren dann den **Walgenbach**.

Das **Hofcafé Ziegenschoppe** ist nach links ausgeschildert, doch wir gehen nach rechts.

Nach 1,7 km biegen wir rechts ab.

Nach einem weiteren Kilometer erreichen wir den **Aussichtspunkt Emsauen** (in der Nähe der Kläranlage).

Wir passieren den Ortsrand von **Emsdetten** mit einigen Pausenstellen und schönen Blicken in das Auengebiet.

Dann überqueren wir den **Mühlenbach** und erreichen die **Sinninger Straße**.

Vor der **Ems** unterqueren wir die **Sinninger Straße B475** und überqueren anschließend die **Ems**.

Nach 500 m geht es rechts in die Straße **Lütkenfelde** und gleich wieder rechts in die Straße **Auf der Heide**.

Diese geht in den **Dettenweg** über und wir folgen diesem. Kurz vor der **Bushaltestelle Saerbeck Bertling** geht es scharf rechts ab, hier auch **X20**. Dieser Weg führt uns durch einen schönen Wald.

Nach 1,5 km biegt der **X20** links ab, wir gehen aber erst geradeaus und treffen nach ca. einem Kilometer wieder auf den **X20**, dem wir nun nach rechts folgen.

Auf der **Hemberger Straße** überqueren wir die **Ems** und folgen der Straße zum Ausgangpunkt.

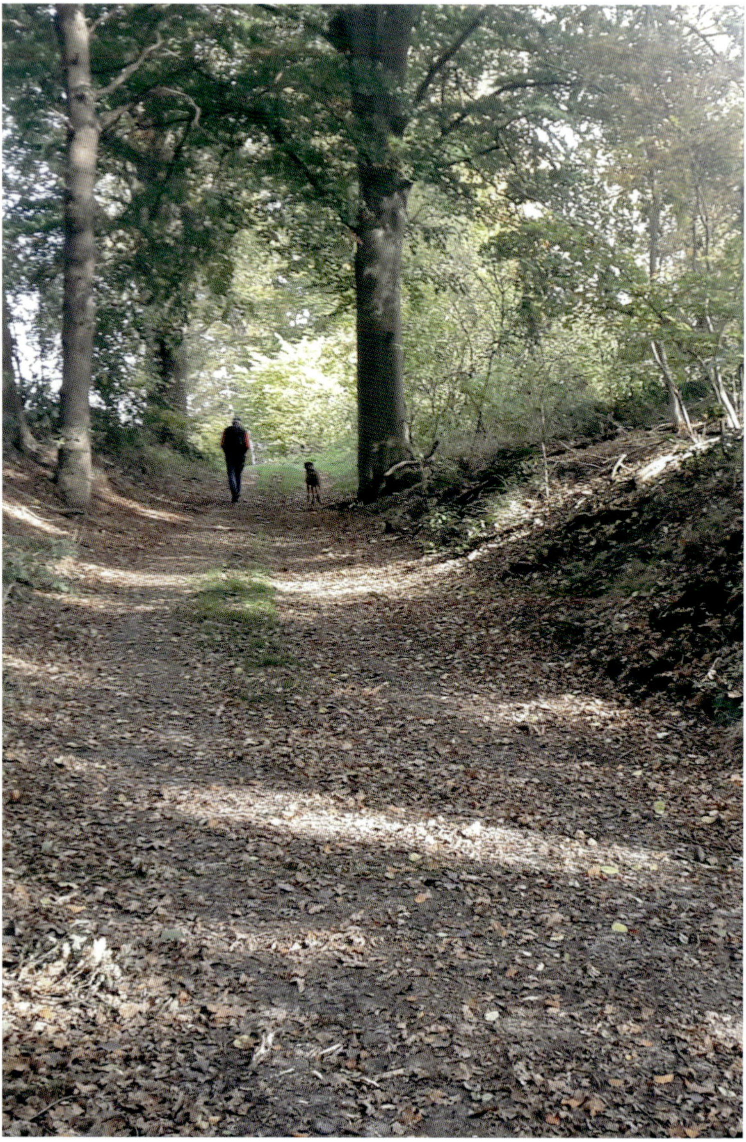

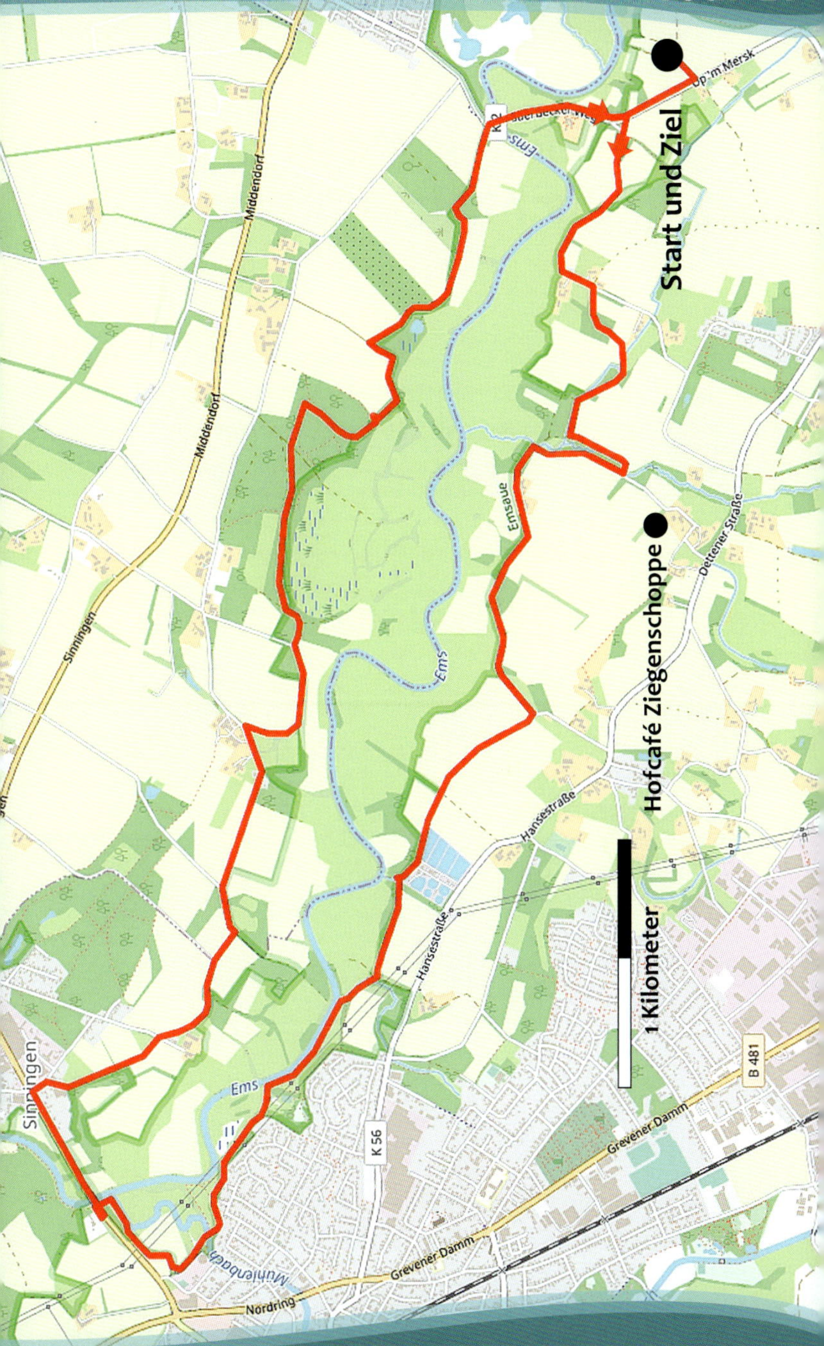
Start und Ziel
Hofcafé Ziegenschoppe
1 Kilometer
Up'm Mersk
Middendorf
Sinningen
Ems
Emsaue
Dettener Straße
Hansestraße
K 56
B 481
Grevener Damm
Mühlenbach
Nordring

Heiliges Meer und Buchholzer Forst

Start/Zielpunkt	Parkplatz Heiliges Meer am LWL Bergstraße 1, Recke (Westf.)
Länge	20 km
Dauer	5 3/4 Stunden
Erreichbarkeit	Bus R27 von Ibbenbüren Bahnhof
Anforderungen	175 Hm, längere Tour, im mittleren Teil mit Steigungen, sonst flach
Einkehr	Panorama-Café www.marina-recke.com

Höhenprofil

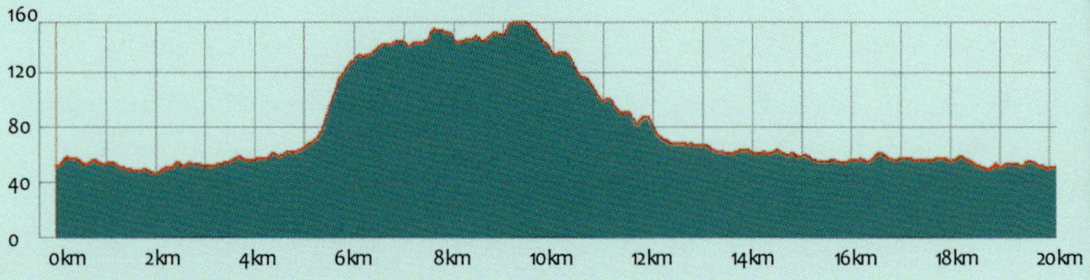

Wanderbeschreibung

Vom Parkplatz gehen wir auf dem parallel zur Straße verlaufenden ausgeschilderten Weg zum **Naturkundemuseum**.

Von hier folgen wir zunächst dem mit **E11** ausgeschilderten Weg durch die Heidelandschaft mit Wildtieren und erreichen eine Straße, auf der die Ausschilderung nach links weist.

Wir gehen kurz geradeaus und dann rechts.

Nach ca. 1 km biegen wir links auf die **Hugostraße** ab und folgen dieser bis zur **Hörsteler Straße**.

Hier kurz links und dann rechts auf dem **Töddenweg** gehen, bis der **Kanal** erreicht wird.

Am **Kanal** links und dann direkt über die **Brücke**.

Hinter der Brücke rechts und an der ersten Kreuzung links in die **Quellenstraße**.

Hinter dem zweiten Bauernhof rechts dem Wanderzeichen **T** folgen.

Hinter Haus Nr. 54 rechts und gleich wieder links.

Wir erreichen den TERRA.track 7 und gehen rechts.

An der Gabelung folgen wir dem **W3/W4** nach rechts.

Wir passieren einen Resthof, kreuzen die Straße **Bomberg** und folgen dem **Forstweg** bis zum **Funkmast**.

Hinter der kleinen Schranke erreichen wir einen Pfad und folgen nun für einige Zeit (8,3 km) der Ausschilderung **E11**.

Dabei passieren wir das Gebiet der historischen Stollen des

Das Naturschutzgebiet Heiliges Meer ist ein einzigartiges Gebiet mit besonderen Lebensräumen und einer reichen Artenvielfalt. Das LWL-Museum für Naturkunde betreibt dort seit 1927 sein Bildungs- und Forschungszentrum. Aufgrund der regen Forschungstätigkeit und der zahlreichen Kurse zur Artenvielfalt gehört das Gebiet zu den am besten untersuchten Naturschutzgebieten Deutschlands.

Steinbecker Steinkohlereviers, in dem heute Fledermäuse ein Winterquartier gefunden haben.

Am Mittellandkanal erreichen wir die **Marina Recke** mit Wohnmobilstellplätzen und einem **Panorama-Café**.

Wir bleiben noch auf dem **E11**, überqueren dann den Kanal an der nächsten Brücke. Dort, wo der **E11** den Kanal verlässt, gehen wir weiter geradeaus.

An der zweiten Brücke verlassen wir den Kanal und nehmen den vom Hinweg bekannten Weg über den **Töddenweg** zur **Hörsteler Straße**, die wir überqueren.

Hinter den Gleisen gehen wir links und folgen den Gleisen bis zur **Hugostraße**.

Auf dieser gehen wir dann zurück zum Ausgangspunkt der Wanderung.

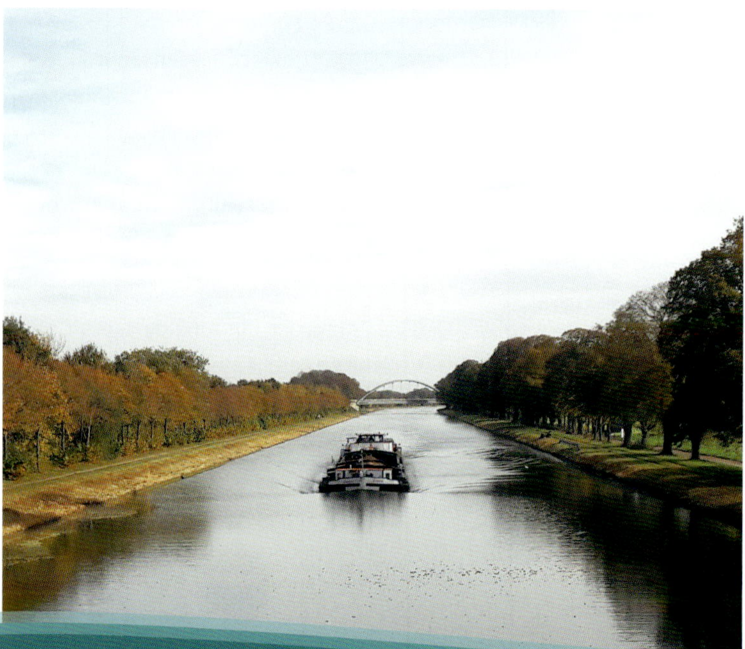

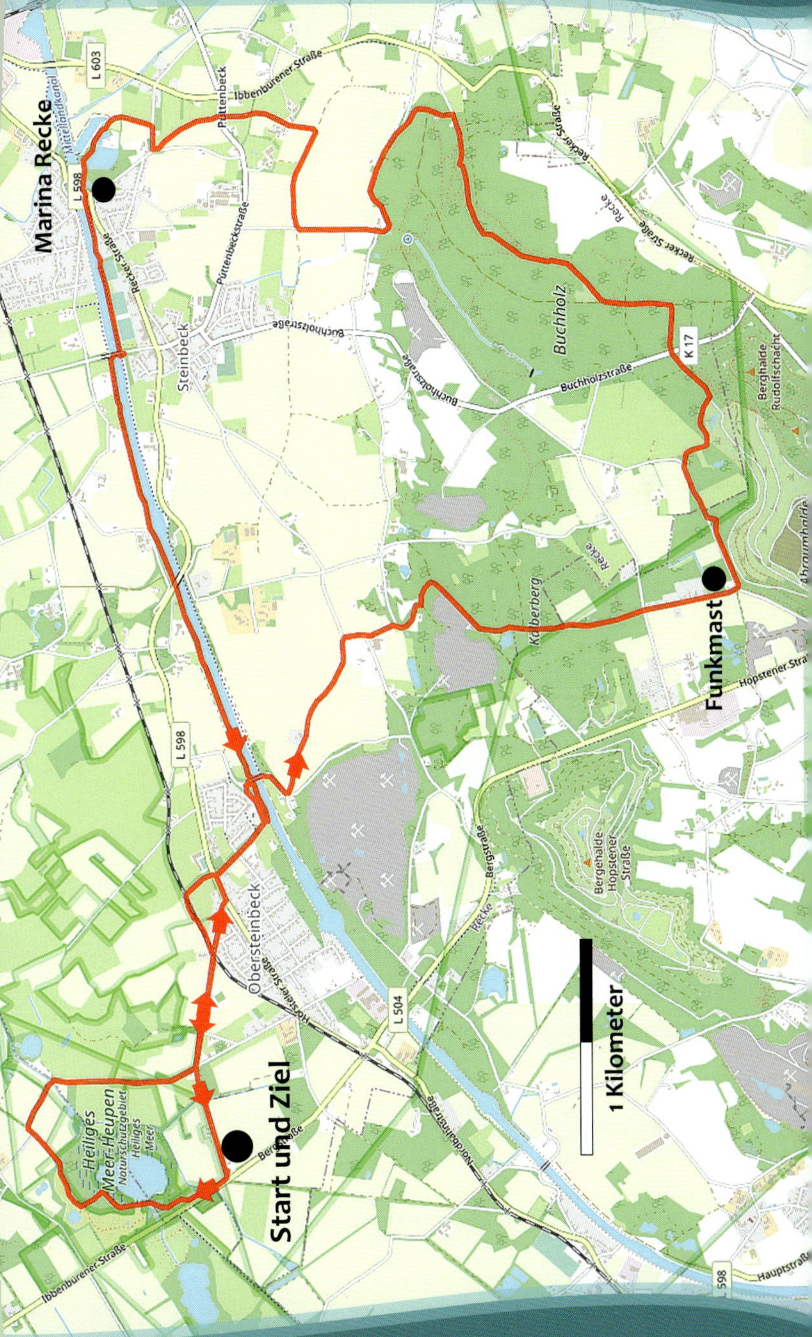

Marina Recke
Funkmast
Start und Ziel
1 Kilometer
Buchholz
Steinbeck
Obersteinbeck
Kälberberg
Heiliges Meer-Heupen Naturschutzgebiet
Heiliges Meer
Bergehalde Rudolfschacht
Bergehalde Hopstener Straße
Mittellandkanal
Ibbenbürener Straße
Püttenbeck
Püttenbeckstraße
Buchholzstraße
Recker Straße
Reckerstraße
Hopstener Straße
Bergstraße
Nordbahnstraße
Hauptstraße
L 603
L 598
L 504
K 17

Durch die Brumley

Start/Zielpunkt	Parkplatz Dörenther Klippen Münsterstraße 419, Ibbenbüren
Länge	15,3 km
Dauer	4 1/2 Stunden
Erreichbarkeit	Bus S50 von Ibbenbüren Bahnhof
Anforderungen	350 Hm, mittlere Tour mit einigen Steigungen
Einkehr	entlang der Strecke leider nicht

Höhenprofil

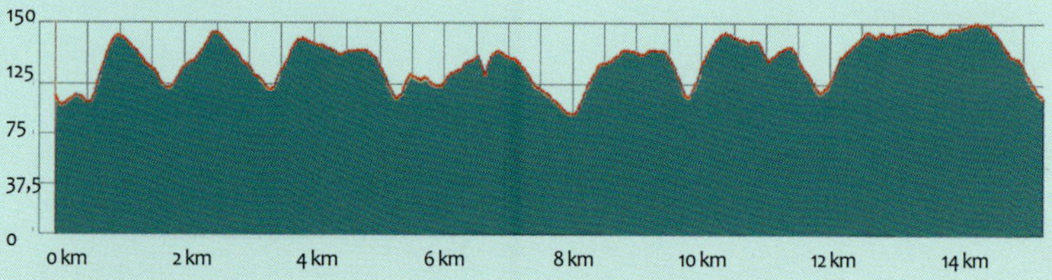

Wanderbeschreibung

Wir starten unsere Wanderung auf dem **Wanderparkplatz Dörenther Klippen**, überqueren die **B219** und folgen dem gegenüberliegenden **Brumleyweg** für 500 m.

Hinter dem zweiten Gehöft biegen wir rechts ab, Ausschilderung Nordic Walking Strecke **Nr. 16**.

Der auch mit **T** gekennzeichnete Weg steigt in den Wald hinauf an und führt geradeaus, bis wir auf den **Hermannsweg** treffen.

Wir folgen diesem nun für ca. 4 km, überqueren eine Landstraße und bleiben weiter auf dem **Hermannsweg**.

Wir treffen auf die Teutoschleife **Waldauenweg** und folgen dieser nach links.

Der Pfad führt uns an den **Südhang** hinunter, dann durch ein kleines malerisches Felsgebiet und erreicht schließlich den Aussichtspunkt **Schöne Aussicht**.

Wir gehen hinauf zum **Hermannsweg**, gehen kurz links und verlassen den ausgeschilderten Weg dann gleich wieder nach rechts.

An der nächsten Kreuzung treffen wir wieder auf die Teutoschleife **Waldauenweg**.

Hier gehen wir rechts und folgen der Ausschilderung, bis wir wieder auf den **Hermannsweg** treffen.

Hier gehen wir links. Nachdem wir eine Hochspannungsleitung unterquert haben verlassen wir den **Hermannsweg** wieder und nehmen den nächsten Pfad nach links.

Der Weg führt in Richtung der **A 30** und ist als Nordic Walking Strecke **Nr. 15** ausgeschildert.

Nach einer **Schutzhütte** steigt der Weg wieder an und wir biegen nach einer Senke links ab und gelangen zur Landstraße.

Wir bleiben aber diesseits der Landstraße, gehen links und

nach wenigen Metern wieder links in den Wald. Am ersten Abzweig gehen wir rechts absteigend.

Am folgenden Abzweig biegen wir wieder rechts ab, nun ansteigend.

An der folgenden Abzweigung geht es links steil hinunter und um den rechts von uns liegenden ehemaligen Steinbruch herum.

Der Weg endet auf einem **Wanderparkplatz**. Wir überqueren die Straße und gehen weiter geradeaus.

Erneut geht es erst links und dann rechts absteigend.

Wir bleiben ca. 850 m auf dem breiten **Forstweg**, gehen an dessen Ende rechts und dann in einem Bogen nach links auf den **Kammweg** hinauf.

Vor einer Linkskurve nehmen wir den nach rechts absteigenden Weg und erreichen wieder den **Hermannsweg**.

Diesem folgen wir nach links. An der Bundesstraße biegen wir nach rechts ab, überqueren diese und gelangen zu unserem Startpunkt.

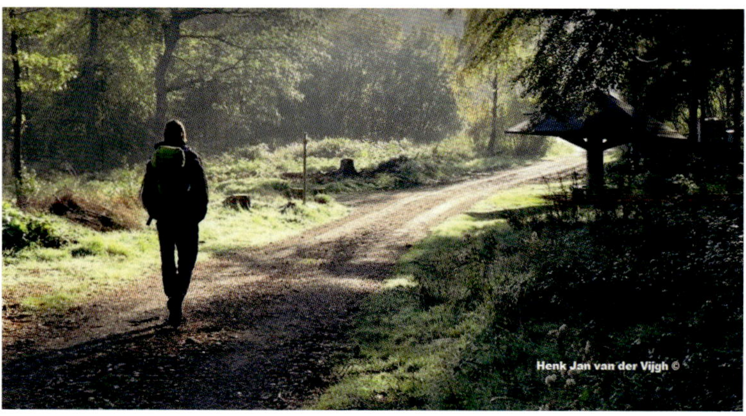

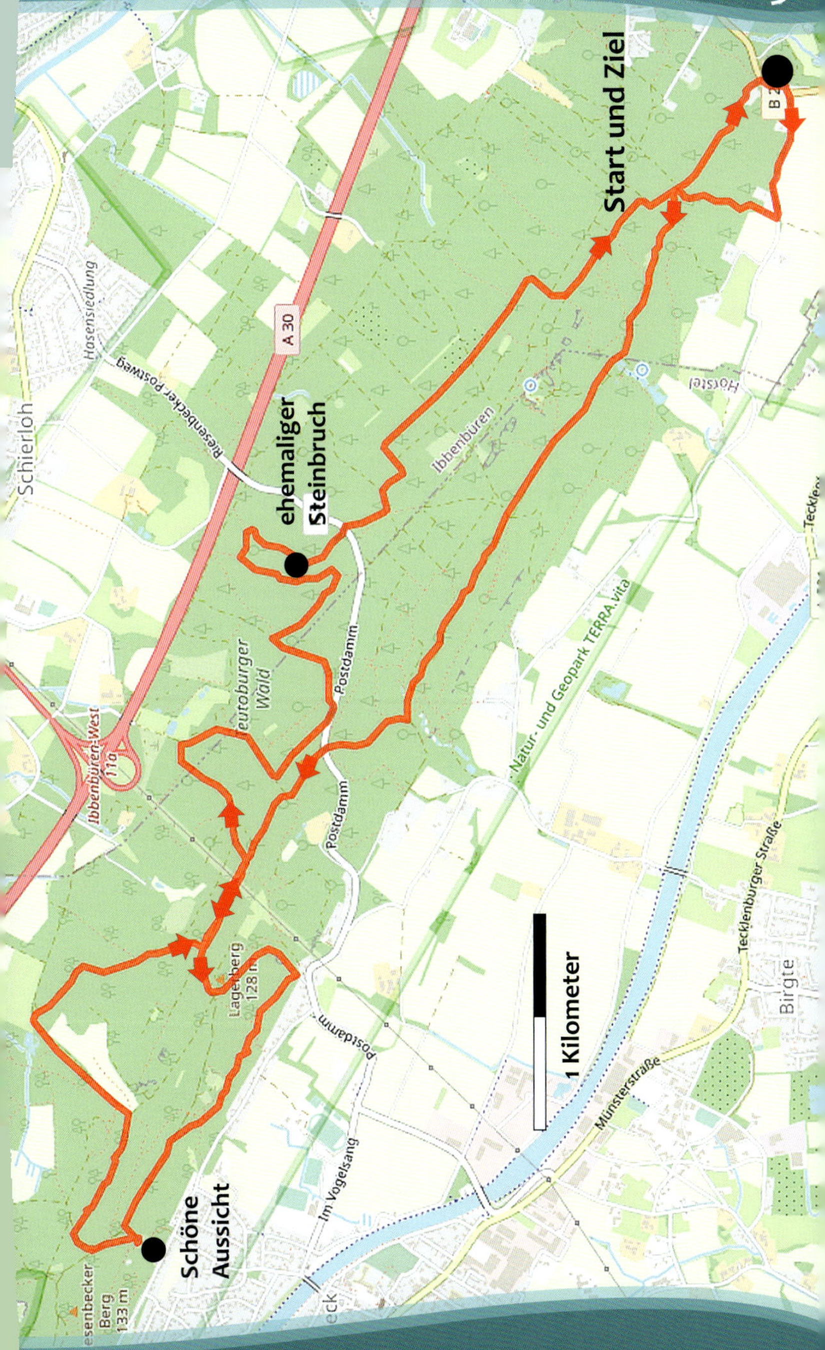
Start und Ziel
ehemaliger Steinbruch
Schöne Aussicht
1 Kilometer
A 30
Schierloh
Hasensiedlung
Riesenbecker Postweg
Ibbenbüren
Hörstel
Teutoburger Wald
Postdamm
Natur- und Geopark TERRA.vita
Ibbenbüren-West
11a
Lagerberg
128 m
esenbecker
Berg
133 m
Im Vogelsang
Münsterstraße
Tecklenburger Straße
Birgte

Canyonblick und Strubberg

Start/Zielpunkt	Parkplatz Skulpturenpark an der LWL-Klini Am Kleeberg 10, Lengerich
Länge	16,4 km
Dauer	4 3/4 Stunden
Erreichbarkeit	RB ab OS Hbf nach Lengerich und Bus R45/4 Haltestelle Feuerwehrhaus
Anforderungen	435 Hm, mittlere Tour mit einigen Steigungen
Einkehr	entlang der Strecke leider nicht

Höhenprofil

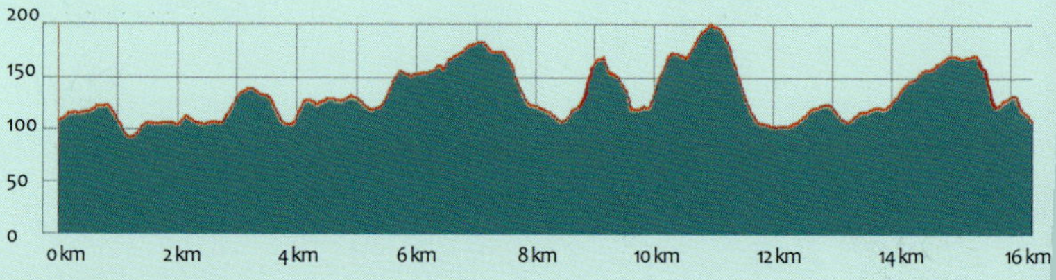

Wanderbeschreibung

Vom Parkplatz folgen wir der **Teutoschleife Canyon Blick** im Uhrzeigersinn und passieren dabei zunächst die **Helios Klinik** auf ihrer Rückseite.

An einer T-Kreuzung verlassen wir die **Teutoschleife Canyon Blick** und gehen links auf den **Osterkamps Kamp** und kurz darauf rechts parallel zu den Schienen der **Teutobahn**.

Wir passieren den von hier noch nicht sichtbaren **Canyon** an seiner Südseite und nähern uns der **Tecklenburger Straße**.

Hier kann die Wanderung abgekürzt werden, indem wir auf der **Tecklenburger Straße** ca. 200 m rechts und dann noch vor der Unterführung wieder rechts abbiegen.

Wir gehen an einem Häuschen, welches die Gasstation beherbergt, eine Böschung hinab, überqueren die Landstraße und folgen kurz der Straße **Strubberg**.

Nachdem wir die Autobahn unterquert haben, folgen wir dem Wanderzeichen **X** bergan.

Nach ca. 1 km erreichen wir den **Hermannsweg**, dem wir in Richtung Lengerich folgen.

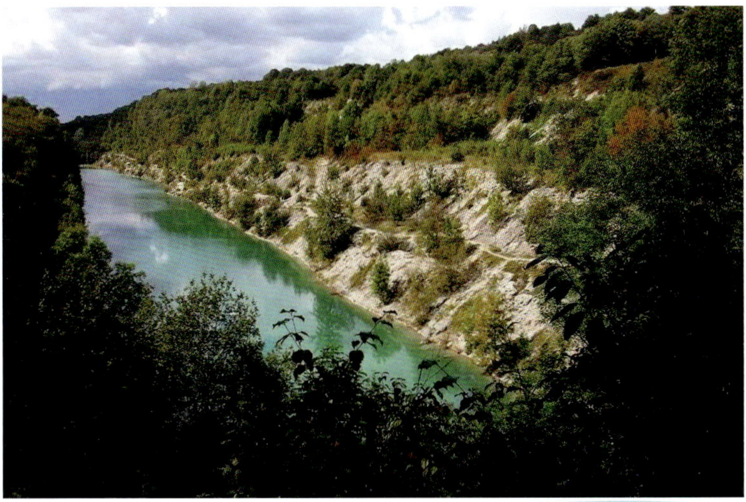

Nach weiteren 1,3 km treffen wir erneut auf die **Tecklenburger Straße**, unterqueren die Autobahn und erreichen die Ausschilderung **Teutoschleife Canyon Blick**, der wir nun ca. 10 km bis zum Ausgangspunkt folgen.

Zunächst genießen wir aber den Blick in die Erdgeschichte und an einem weiteren Aussichtspunkt den Blick ins Münsterland.

Anschließend kreuzen wir die Straße **Am Kleeberg**, gehen an einer am Hang gelegenen Wiese links zur **Stapenhorststraße** hinunter und umrunden dann den **Gutshof Stapenhorst**.

Nachdem wir den Gutshof umrundet haben, führt uns der Weg über den **Exterheider Damm** und **Smanforden** recht steil hinauf auf den **Leeder Berg**.

Von hier geht es ebenso steil wieder hinunter und durch Wiesen und Wälder auf den **Lengericher Berg**.

Bevor wir unseren Ausgangspunkt erreichen, liegen mit dem **Friedhof Bethesda** und dem **Skulpturenpark** noch 2 Sehenswürdigkeiten auf unserem Weg.

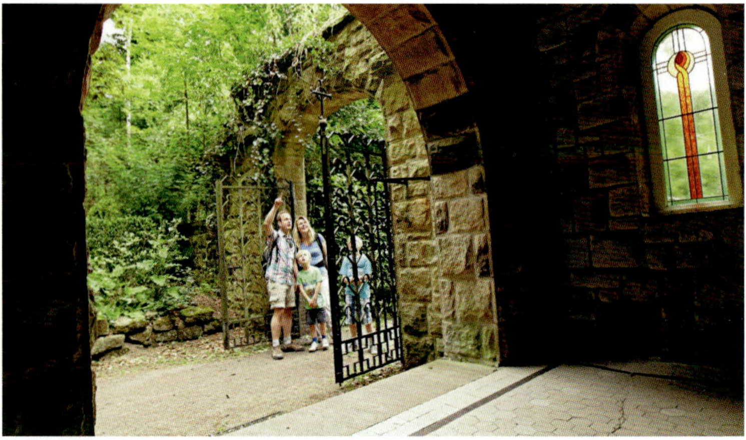

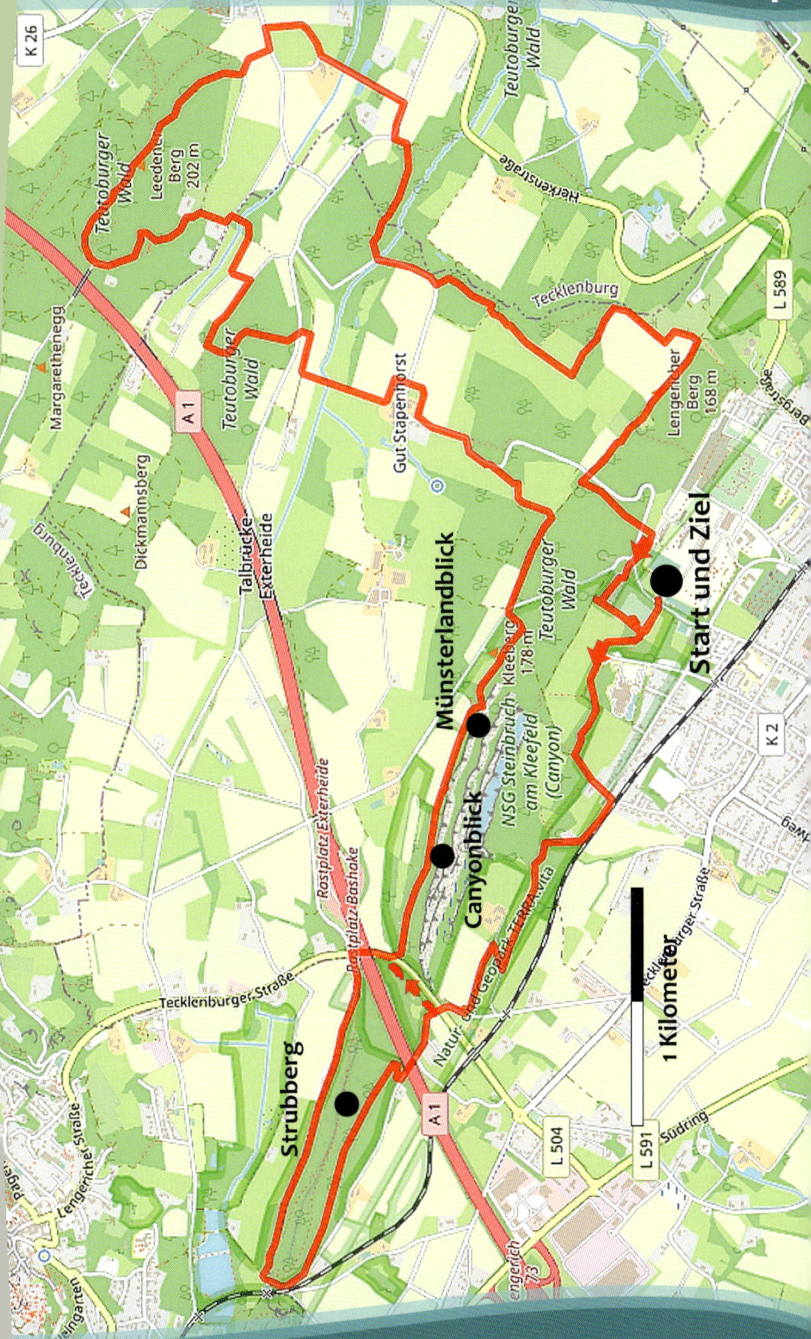
Start und Ziel
Münsterlandblick
Canyonblick
Strubberg
1 Kilometer
NSG Steinbruch am Kleefeld (Canyon)
Teutoburger Wald
Leedener Berg 202 m
Lengericher Berg 168 m
Kleeberg 178 m
Gut Stapenhorst
Tecklenburg
Margarethenegg
Dickmannsberg
Talbrücke Exterheide
Rastplatz Exterheide
Rastplatz Bashake
Tecklenburger Straße
Lengericher Straße
Herkenstraße
Südring
A 1
K 26
L 589
L 504
L 591
K 2

Danke!

Dieses Buch habe ich nicht alleine gemacht, das wäre auch ein zu hoher Anspruch. Es braucht viele Hände, gute Gespräche mit Anregungen und konstruktiver Kritik und zahlreichen Korrekturen. Ich bin in der glücklichen Lage, auf die Hilfe von vielen Seiten vertrauen zu können.
Eine besondere Rolle spielt dabei sicher Petra Holecek, die als Partnerin immer wieder einen kritischen Blick auf das Entstehen geworfen und mich oft motiviert hat! Danke!
Für die Erstellung der Karten hab ich auf ***Open-Streetmap*** zurückgegriffen, einem Projekt, dass es sich zur Aufgabe gemacht hat, Geodaten ohne kommerziellen Hintergrund zu sammeln und zur Verfügung zu stellen. An dem Projekt arbeiten viele Menschen gänzlich ohne Bezahlung in ihrer Freizeit mit.
Bei einigen Texten hab ich auf ***Wikipedia*** zurückgegriffen und das auch dort so gekennzeichnet.
Die Fotos stammen zum einen aus eigener Hand, zum Teil aber auch von Yörn Kreib, einem engagierten Mitarbeiter von Natours Reisen und begeistertem Wanderer.

Danke Euch Allen.

Fotos:

In eigener Sache:

Wenn Sie Lust auf mehr Wandern haben, so schauen Sie doch mal unter **www.natours.de/wanderreisen**. Dort finden Sie Angebote in Deutschland, Europa und auch weltweit, für Individualisten und als geführte Gruppenreise.